Der Autor

Prof. Dr. Petr Ondracek, Dipl.-Pädagoge, ist Hochschullehrer im Ruhestand. Er lehrte Didaktik und Methodik der Heilpädagogik an der Evangelischen Hochschule RWL in Bochum. Daneben arbeitet er als Fort- und Weiterbildungsdozent sowie Personzentrierter Berater und ist als Ausbilder im Personzentrierten Ansatz zertifiziert.

Petr Ondracek

Personzentriertes Arbeiten in sozialen Berufen

Verlag W. Kohlhammer

Dieses Werk einschließlich aller seiner Teile ist urheberrechtlich geschützt. Jede Verwendung außerhalb der engen Grenzen des Urheberrechts ist ohne Zustimmung des Verlags unzulässig und strafbar. Das gilt insbesondere für Vervielfältigungen, Übersetzungen, Mikroverfilmungen und für die Einspeicherung und Verarbeitung in elektronischen Systemen.

Die Wiedergabe von Warenbezeichnungen, Handelsnamen und sonstigen Kennzeichen in diesem Buch berechtigt nicht zu der Annahme, dass diese von jedermann frei benutzt werden dürfen. Vielmehr kann es sich auch dann um eingetragene Warenzeichen oder sonstige geschützte Kennzeichen handeln, wenn sie nicht eigens als solche gekennzeichnet sind.

Es konnten nicht alle Rechtsinhaber von Abbildungen ermittelt werden. Sollte dem Verlag gegenüber der Nachweis der Rechtsinhaberschaft geführt werden, wird das branchenübliche Honorar nachträglich gezahlt.

Dieses Werk enthält Hinweise/Links zu externen Websites Dritter, auf deren Inhalt der Verlag keinen Einfluss hat und die der Haftung der jeweiligen Seitenanbieter oder -betreiber unterliegen. Zum Zeitpunkt der Verlinkung wurden die externen Websites auf mögliche Rechtsverstöße überprüft und dabei keine Rechtsverletzung festgestellt. Ohne konkrete Hinweise auf eine solche Rechtsverletzung ist eine permanente inhaltliche Kontrolle der verlinkten Seiten nicht zumutbar. Sollten jedoch Rechtsverletzungen bekannt werden, werden die betroffenen externen Links soweit möglich unverzüglich entfernt.

1. Auflage 2020

Alle Rechte vorbehalten
© W. Kohlhammer GmbH, Stuttgart
Gesamtherstellung: W. Kohlhammer GmbH, Stuttgart

Print:
ISBN 978-3-17-032411-4

E-Book-Formate:
pdf: ISBN 978-3-17-032412-1
epub: ISBN 978-3-17-032413-8
mobi: ISBN 978-3-17-032414-5

Vorwort zur Reihe Basiswissen Helfende Berufe

Die Buchreihe »Basiswissen Helfende Berufe« widmet sich Querschnittsthemen, die für mehrere konkrete Berufsgruppen gleichermaßen von Bedeutung sind. Gemeint sind hier Professionen aus den Bereichen Gesundheitswissenschaften, Sozialwissenschaften und Soziale Arbeit, Heilpädagogik und Erziehungswissenschaften, Therapie- und Pflegewissenschaft. Die Themen werden in wissenschaftlich fundierter, handlungsorientierter und damit praxisrelevanter Art und Weise dargestellt. Querschnittsthemen sind im Hinblick auf eine immer stärkere Vernetzung der Strukturen und Angebote in den Handlungsfeldern der Gesundheits- und Pflegeberufe, der Sozialen Arbeit und Heilpädagogik sowie angrenzender Berufe von zunehmendem Interesse. Es erscheint uns sinnvoll und notwendig, die verbindenden Themen der Handlungsfelder und unterschiedlichen Professionen im Kontext der jeweilign Relevanz darzustellen. Eine interprofessionelle Zusammenarbeit ist in den meisten Handlungsfeldern unerlässlich, oftmals arbeiten Vertreter/innen unterschiedlicher Berufsgruppen mit einer einzigen Klientin, einem einzigen Klienten an sozialen, gesundheitsbezogenen und/oder pädagogischen Problemlagen. Die professionelle Gestaltung eines solchen Netzwerkes zwischen und mit diesen Strukturen, Angeboten und Berufen erfordert ausgeprägte Kenntnisse, um das Verbindende zugunsten und zum Wohle der Klientel bzw. Patient/innen, bzw. des gesamten professionellen Handungssystems nutzbar zu machen.

Dabei soll diese Reihe einerseits grundsätzliche, eher metatheoretische Erwägungen und Begründungen wie z. B. zur Gesundheitsförderung und -prävention, zur Lebenswelt der Menschen und zu den Leitideen der Teilhabe, der Selbstbestimmung, der Partizipation und der Inklusion in Betracht ziehen. Anderseits sollen auch konzeptionelle Konkretisierungen (wie z. B. zur Beratung, zur kultursensiblen Arbeit, zur Qualitätsentwicklung und zur Biografiearbeit) im Fokus stehen. Die konkrete Arbeit mit den Betroffenen (Patient/innen, Klient/innen etc.) wird auf diesem methodologischen Hintergrund deutlich weniger Reibungsverluste aufweisen und folglich intensivere Ressourcen bereitstellen, als dies zurzeit – in den eher nicht aufeinander bezogenen Strukturen und Handlungsmustern der Organisationen des Gesundheits- und Sozialwesens – der Fall ist. Eine solchermaßen grundgelegte und verstandene Netzwerkarbeit bzw. Zusammenarbeit in der Praxis führt also zu einer ausgeprägten Wahrnehmung der Belange der Betroffenen sowie zu einer

Intensivierung der professionellen Kompetenz der beruflich Handelnden und deren Organisationen.

Ein zentraler sozialpolitischer und methodologischer Baustein dieser Buchreihe stellt im Weiteren das »Übereinkommen über die Rechte von Menschen mit Behinderungen« dar. Hierin und hierdurch werden zentrale Aussagen zur Umsetzung der Inklusion benannt und folglich für die geplanten Publikationen (ebenfalls als Querschnittsthema) bedeutsam:

Auf dem theoretischen Hintergrund einer – vor allem auch soziologisch und sozialwissenschaftlich zu verstehenden – Inklusion positioniert sich diese Studienbuchreihe eindeutig zum Thema der Inklusion und der Teilhabe. Hierzu wird in den einzelnen Texten immer wieder auf die unterschiedlichen theoretischen und methodologischen Begründungskontexte zu Inklusion und Teilhabe sowie auf allfällige Dilemmata und Widersprüche des Theoriediskurses eingegangen. Grundlegend werden hierbei immer wieder die Begriffe und konzeptionellen Begründungen der Inklusion und der Teilhabe als unhintergehbare Zielperspektiven des professionellen Handelns in den Handlungsfeldern der Sozialen Arbeit, der Heilpädagogik, der gesundheits- und pflegebezogenen Professionen fokussiert und differenziert. Hierbei wird Inklusion als ein international bekannter und anerkannter Begriff wahrgenommen, welcher die Tendenz darstellt, bislang vorgenommene integrative Maßnahmen im Hinblick auf inklusive Maßnahmen zu modifizieren. Inklusion erfordert hierbei zudem eine Konkretisierung auf institutioneller und organisatorischer Ebene, um die vielfältigen Planungs- und Gestaltungsmöglichkeiten umsetzen zu können.

Die Strukturmomente der Vernetzung, der Netzwerkarbeit, der Professionalisierung, der Inklusion und Teilhabe bilden somit die zentralen Meilensteine als berufs- und handlungsfeldübergreifende Querschnittsthemen im Rahmen aller Veröffentlichungen dieser Buchreihe. In allen Bänden sind diese – sicher in unterschiedlichen Gewichtungen – konturiert und realisiert.

Münster, im Juni 2020
Marion Menke und Heinrich Greving

Inhaltsverzeichnis

Vorwort zur Reihe Basiswissen Helfende Berufe		**5**

Einleitende Gedanken statt Vorwort		**9**

1	**Personzentriertheit und Personzentriertes Arbeiten: Was ist das? (Theoretische Grundlagen)**	**21**
1.1	Die Begriffe *Person/Persönlichkeit/Selbst*	22
1.2	Personzentriertheit/Personzentriert arbeiten	26
1.3	Humanistische Psychologie	30
1.4	Tiefenpsychologie	49
1.5	Lernpsychologie	59
1.6	Ein wichtiges Anliegen personzentrierter Arbeitsweise: Das Wohlbefinden	68
1.7	Rückblick auf die Theorieaspekte	76

2	**Personzentriert handeln: Wie geht das? (Know-how-Wissen)**	**78**
2.1	Personzentrierte Haltung zeigen	84
2.2	Personzentrierte Kommunikationsart praktizieren	93
2.3	Das Personsein des Gegenübers bestätigen und stärken	104
2.4	Die Bedürfnisse des Gegenübers ernst nehmen	112
2.5	Das Selbstwertgefühl des Gegenübers positiv stärken	116
2.6	Rückblick auf die Know-how-Aspekte personzentrierter Arbeitsweise	122

3	**Professionelle Personzentriertheit entfalten (»Mitmensch von Beruf« sein): Wie denn?**	**124**
3.1	Personzentrierte Haltung im Selbstkonzept stärken	130
3.2	Sich selbst zur personzentrierten Arbeitsweise hin steuern	135
3.3	Die Selbstwirksamkeit durch praktizierte Personzentriertheit stärken	141
3.4	Personzentriertes Arbeiten zur Selbstverständlichkeit machen	150
3.5	Sich mit Gleichgesinnten verbinden und Unterstützung nutzen	155
3.6	Rückblick auf die Entfaltung professioneller Personzentriertheit (»Mitmensch von Beruf« sein)	158

Persönliche Abschlussgedanken statt Nachwort — **160**

Literaturverzeichnis — **164**

Einleitende Gedanken statt Vorwort

Die Ausführungen in diesem Buch sind als persönliche Stellungnahme zum Thema zu verstehen. Sie gehen vom heutigen Wissensstand des Autors aus, basieren auf seinen bisherigen Erfahrungen und haben folglich keinen Anspruch auf allgemeine Gültigkeit. Also nicht Ergebnisse etwaiger experimenteller Erforschung des Themas, sondern theorieuntermauerte Erfahrungen aus der Praxis des beruflichen Handelns sind Gegenstand dieses Buches.

Vorauszuschicken sind vier Klarstellungen:

- Erstens werden hier unter »sozialen Berufen« alle Praxisfelder verstanden, in denen Fachpersonen *primär unterstützend* mit Menschen arbeiten. Ob Erzieher, Lehrer, Sozialpädagoge, Sozialarbeiter, Heilpädagoge, Altenpfleger – sie alle werden dafür bezahlt, dass sie ihr Gegenüber auf dem jeweiligen Fachgebiet (Entwicklung, Bildung, Gruppenzugehörigkeit, Orientierung in gegebenen Rechten und Pflichten ...) bei der Alltags- und Lebensbewältigung unterstützen.
  Security-Mitarbeiter, Polizisten oder Kompanie-Kommandanten arbeiten zwar auch mit Menschen, jedoch nicht primär unterstützend, sondern vielmehr bestimmend bzw. befehligend. Weil das ihre Hauptaufgabe ist, wird sich hierbei personzentriertes Auftreten sicherlich als kontraproduktiv erweisen, denn der Personzentriertheit sind Bewertungen und Bestimmungen fremd. Folglich werden Tätigkeiten dieser Art hier nicht als soziale Berufe im o. g. Sinne verstanden.
- Zweitens: An einigen Stellen werden im Text sog. Exkurse zu Sichtweisen und Praxissituationen eingebracht. Die meisten beziehen sich auf das Fachgebiet der Heilpädagogik. Begründet ist diese »Übermacht« der heilpädagogischen Beispiele darin, dass der Autor sein (fachliches) Leben lang auf dem Feld der Didaktik und Methodik der Heilpädagogik gewirkt hat – als Erzieher, Psychologe, Heimleiter und als Hochschuldozent in der Berufsausbildung von angehenden Heilpädagoginnen und Heilpädagogen. Folglich verfügt er über eine stattliche Anzahl von Situationen, Ansichten und Anregungen, die als veranschaulichende Beispiele zu den theoretischen Ausführungen verwendet werden können.
  Damit sollen andere soziale Berufe keineswegs ins Abseits geraten. Denn es gibt auch einige veranschaulichende Exkurse zu anderen als heilpädago-

gischen Fachgebieten. Ob dort oder woanders, ist eigentlich egal, weil sie für die Fachpersonen aus allen sozialen Berufen eine interessante Möglichkeit darstellen, das, was dort steht, in ihre eigene spezifische Tätigkeitsausrichtung zu transferieren.

- Drittens werden die hier dargestellten *theoretischen und methodischen Ansätze der Psychologie* nicht vollständig erörtert, sondern nur *ausgewählte Teilbereiche* daraus. Diese Auswahl folgt dem Grundsatz »erforderlich und ausreichend« für die Orientierung in den hoch handlungsrelevanten Themen Personzentriertheit und Personzentriertes Arbeiten. Eine umfassende Beschreibung der Theorien von C. Rogers, A. Maslow, A. Adler und A. Bandura würde nicht nur den Umfang dieses Buches sprengen, sondern auch seinen Zweck verfehlen. Die Kolleginnen und Kollegen in sozialen Berufen (dazu zählen selbstverständlich auch diejenigen, die erst in der Berufsvorbereitung stehen oder sich entsprechend fort- und weiterbilden) sollen nämlich durch die Lektüre dieses Buches nicht zu einer Art »Kleinpsychologen« werden, sondern Anregungen und Hinweise auf die Entfaltung ihrer interaktiv-kommunikativen Kompetenz im Rahmen ihrer Qualifikation bekommen.

Sollten sie durch die Auseinandersetzung mit den hier beschriebenen Aspekten der Personzentriertheit zusätzliche Lust auf mehr psychologisches Fachwissen spüren, können sie dieses durchaus nachvollziehbare Wachstumsbedürfnis (siehe die Ausführungen zu A. Maslow) durch die Lektüre der verwendeten Literatur oder eines der vielen guten psychologischen Lehrbücher befriedigen.

- Viertens beziehen sich die Ausführungen zu Personzentriertheit und Personzentriertem Arbeiten grundsätzlich auf die *berufliche Tätigkeit*. Der Erfahrung des Autors nach kann sich dort das personzentrierte Arbeiten mit hoher Wahrscheinlichkeit als positiv wirkender Katalysator bei der Durchführung fachspezifischer Leistungen erweisen, wenn auch sicherlich nicht immer, denn es gibt auch Grenzen und »Stolpersteine«, die diese Wirksamkeit verringern. Das gehört zu jeder Art der Einflussnahme auf Menschen und damit müssen die Fachpersonen in sozialen Berufen leben. Nur soll diese Tatsache sie nicht daran hindern, in der Kommunikation und Interaktion mit dem Gegenüber immer wieder personzentriert aufzutreten – das zeichnet eine *bewusste personzentrierte Professionalität* der Fachperson aus. Diese anzuregen und ihre Herausbildung/Entfaltung zu unterstützen ist das erklärte Ziel dieses Buches.

Es gibt sicherlich auch im privaten Leben diese Wahrscheinlichkeit der positiven Wirkung. Wer die Personzentriertheit wirklich verinnerlicht hat, tendiert dazu, auch im außerberuflichen Geschehen entsprechend aufzutreten. Das unterliegt allerdings meist der nicht bewussten Spontaneität und Selektivität, und um die geht es hier nicht.

Noch vor den Ausführungen zum Thema dieses Buches soll hier zuerst einiges gesagt werden, was eine erste Orientierung in der Lektüre hinsichtlich der Frage »Wozu soll es gut sein, dieses Buch durchzulesen?« ermöglicht.

Es geht hier um die Darstellung einer Arbeitsweise, die als »personzentriertes Arbeiten« bezeichnet wird und eine hohe Relevanz für Interaktion, Kommunikation und Aufgabenerledigung im Alltag der sozialen Berufe aufweist. Eigentlich müsste sie einen unabdingbaren Bestandteil methodischer Ausstattung aller dort tätigen Fachpersonen darstellen.

Die Verwendung des Konditionals »müsste« fußt auf der Tatsache, dass dies noch lange nicht der Fall ist. Diese Feststellung ergibt sich nicht aus etwaigen Untersuchungen zur Verbreitung der Personzentriertheit in der bunten Schar sozialer Berufe. Sie ist das Ergebnis der jahrzehntelangen Beobachtung des Autors (also sozusagen einer »klinischen Erfahrung«) im Kontext seiner Tätigkeit als Erzieher, Lehrer, Berater, Weiter-/Fortbildungsdozent und Hochschullehrer.

Die nächste Feststellung bezieht sich auf die Tatsache, dass die meisten Fachpersonen durchaus imstande sind (und sehr viele tun es auch), personzentriert zu arbeiten. Schließlich trägt jeder Mensch das entsprechende Potential dazu in sich (siehe hierzu das Menschenbild der humanistischen Psychologie, wie es Carl Rogers beschreibt). Nur wird i. d. R. diese natürliche Ressource im Berufsalltag nicht systematisch, begründet, gekonnt und reflektiert genutzt, sondern eher zufällig, selektiert, ungeübt und nicht reflektiert.

Weil die Möglichkeiten einer positiven Wirkung personzentrierter Arbeitsweise auf beteiligte Menschen und auf die Interaktions-/Kommunikationsprozesse recht gut sind (diese Feststellung ist ebenfalls Ergebnis der o. g. »klinischen Erfahrung« des Autors), ist es ein Anliegen dieses Buches,

- die Leserinnen und Leser über einige Kontexte der Personzentriertheit (Möglichkeiten, »Stolpersteine«, Grenzen) zu informieren,
- ihnen eine möglichst gute Orientierung in Theorie, Methodik und Praxis dieser Art des Umgangs mit dem zu unterstützenden Menschen zu geben,
- und – last but not least – sie zur Überprüfung und Präzisierung (vielleicht kann man sagen Verberuflichung) ihrer naturgemäßen Personzentriertheit zu motivieren.

Einleitende Gedanken statt Vorwort

Somit lässt sich die anfängliche Sinnfrage wie folgt beantworten: Das Durchlesen (noch besser wäre zu sagen: das Durcharbeiten) dieses Buches gibt eine Grundorientierung in einer positiv wirkenden Art und Weise des Umgangs mit (de facto) jedem Gegenüber im Berufsalltag (und auch darüber hinaus im Privatleben). Außerdem birgt das Buch eine Chance auf eine präzisere Orientierung in eigener Personzentriertheit und gibt Hinweise auf ein bewussteres und gekonnteres personzentriertes Auftreten.

Die bisherigen, eher allgemein gehaltenen Hinweise auf die Sinnfrage der Buchlektüre werden im Folgenden mit einigen Aussagen und Informationen zum Thema konkretisiert.

»Seit über 15 Jahren bin ich dabei und habe immer noch Freude an der Arbeit ...« Dies ist die Aussage einer Mitarbeiterin, die im Gruppendienst unter den Standardbedingungen einer Einrichtung der Behindertenhilfe arbeitet. Worin ist die Arbeitszufriedenheit dieser Mitarbeiterin begründet? Wie kommt es, dass sie eine solche Aussage machen kann? Das Wesentliche scheint hier ihre Art von Aufgabenerledigung zu sein. Diese ist personbezogen, personstärkend, kontaktfördernd, partnerschaftlich und mitbeteiligend, mit der Folge, dass die Alltagsbewältigung einerseits mit weniger Missverständnissen, Problemen, Kampf, Misserfolgen u. ä. belastet und andererseits durch gemeinsames Tun, Kommunikation und Erfolgserlebnisse entlastet wird. Der Arbeitsalltag wird positiv erlebt und die Zufriedenheit gestärkt.

Diese Art der Aufgabenerledigung ist für das personzentrierte Arbeiten charakteristisch. Das Wort »personzentriert« mag der einen oder anderen heilpädagogisch tätigen Fachperson bekannt vorkommen. In der Tat hat es mit C. R. Rogers und dem Menschenbild der humanistischen Psychologie zu tun. Die oben zitierte Mitarbeiterin hat eine Weiterbildung zum Thema »Personzentriertes Arbeiten« absolviert und die Äußerung ist ihrem Erfahrungsbericht entnommen.

Es ist wichtig zu wissen, dass alle Menschen die personzentrierte Umgangsart als kleine Kinder mehr oder weniger von ihren Eltern erfahren haben und dass sie selbst im Umgang mit anderen mehr oder weniger so vorgehen. Es ist ein Umgang mit sich selbst und mit anderen Menschen, welcher – jenseits aller organisatorischen, technischen, finanziellen und sonstigen Faktoren der Arbeitswelt – die wesentlichen Grundaspekte des menschlichen Daseins wahrt: Annahme, Achtung und Respekt.

Häufig wird irrtümlich angenommen, dass ein Mehr an Zeit und Ruhe sowie Abschirmung von Störfaktoren und Verzicht auf Erfüllung von Aufgaben benötigt wird, wenn die Wünsche, Bedürfnisse und Ansprüche des zu unterstützenden Menschen begriffen/verstanden, ernst genommen und nach Möglichkeiten erfüllt werden sollen. In der Tat ist es einfacher, wenn die Bedingungen dieser Annahme entsprechen. Dies zu erwarten bzw. als eine Voraussetzung zu betrachten ist allerdings illusorisch, denn das entspricht wirklich nicht dem heilpädagogischen Berufsalltag.

Die personzentrierte Arbeitsweise in realen Bedingungen muss sich folglich daran messen lassen, dass die zu erledigenden Aufgaben trotz bestehender Einschränkungen, Grenzen und Meinungsunterschiede auf eine solche Art und Weise erfüllt werden, die den Anderen das Gesicht wahren lassen und seine Würde nicht in Frage stellen. Also unabhängig von materiellen und organisatorischen Bedingungen zu agieren – die Gestaltung der Kontakte, Kommunikation und Interaktion mit anderen während der Dienstzeit liegt ausschließlich in den Händen der heilpädagogisch tätigen Fachperson.

Wie oben erwähnt, stellt die Fähigkeit, sich selbst und andere anzunehmen und zu beachten, ein natürliches und entfaltungsfähiges Potential jedes Menschen dar. Im Berufsalltag personzentriert aufzutreten (d. h. bewusst, begründet, gekonnt und reflektiert) ist nicht mehr und nicht weniger als das Ergebnis der Weiterentwicklung und Kultivierung dieses Potentials.

Wozu soll das denn eigentlich gut sein, im Berufsalltag personzentriert aufzutreten? Die vielen persönlichen Signale der ehrlichen Annahme und Beachtung des Gegenübers (Blickkontakt, Anrede mit Namen, Berührung, Interesse am Befinden, Beteiligungsmöglichkeiten, Entscheidungsspielraum, Lob und Anerkennung, gemeinsame Erlebnisse usw.) wirken positiv auf dessen Selbstwertgefühl und steigern die Erlebensqualität der gemeinsam verbrachten Zeit – sowohl bei dem zu unterstützenden Menschen als auch bei der Fachperson. Alfred Adler, der Begründer der Individualpsychologie, würde höchstwahrscheinlich das personzentrierte Arbeiten als professionell praktizierte Mitmenschlichkeit bezeichnen.

Vielleicht lässt sich nun besser verstehen, wieso die eingangs zitierte Mitarbeiterin trotz ihrer anspruchsvollen und schwierigen Arbeit immer noch Freude an ihrem Job hat. Sie arbeitet zwar nicht ganz ohne Belastung und Stress, aber erlebt Tag für Tag eine befriedigende Anzahl von Begegnungen, Entwicklungen und Erfolgen. Sie ist autonom, weil sie in der alltäglichen Kontaktgestaltung selbstbestimmt so handelt, dass sie den zu unterstützenden Menschen etwas menschlich sehr Wesentliches gibt (und sie bekommt zwar nicht immer, aber häufig retour): Respekt und Bestätigung des persönlichen Wertes.

> **Exkurs zur Heilpädagogik**
> In der Heilpädagogik zeigt sich die Umsetzung der Theorie in die Praxis komplizierter, als man denkt. So verlangt die heilpädagogische Theorie deutlich nach Mitbeteiligung des zu unterstützenden Menschen. Was soll aber die heilpädagogisch tätige Fachperson machen, wenn sie z. B. mit einer Verweigerung des Klienten bei einem unumgänglichen Arztbesuch konfrontiert wird? Sie ist doch dafür verantwortlich, dass die ärztliche Behandlung stattfindet!
>
> Hier beginnt das Handeln persönlich zu sein. Die Heilpädagogik liefert zwar als eine handlungsorientierte Wissenschaft wichtige Erkenntnisse für das Tun. Allerdings entscheidet über die Art der Aufgabenerfüllung jede heilpädagogisch tätige Fachperson eigenverantwortlich selbst. Sie befindet sich bei dieser Entscheidung an einer wichtigen Grenze. Ausgehend davon, wie sie sich selbst und das Gegenüber wahrnimmt und was ihr persönlich wichtig ist, setzt sie entsprechende Vorgehensweisen ein, um das zu erfüllen, wofür sie bezahlt wird. Zur Verfügung stehen zwei Alternativen:
>
> - Die Aufgaben kann man sozusagen an dem zu pflegenden Menschen erledigen. Das bedeutet, nach folgendem Grundsatz zu handeln: »Das und jenes muss gemacht werden (bzw. darf nicht passieren). Dafür bin ich verantwortlich, und deshalb wird es so erledigt, wie ich es für richtig halte. Du besitzt weder den erforderlichen Durchblick noch die Fähigkeiten dazu, und deshalb sollst du alles so machen, wie ich es sage!« Diese Vorgehensweise ist Ausdruck einer Einstellung, die primär auf die Erfüllung von Aufgaben bezogen ist.
> - Die Aufgaben kann man jedoch auch mit Berücksichtigung des Gegenübers erledigen. Dies bedeutet, nach folgendem Grundsatz zu handeln: »Das und jenes muss gemacht werden (bzw. darf nicht passieren). Ich bin dafür verantwortlich, nur ist es ohne deine Mitwirkung schwierig zu schaffen. Wie geht es dir damit und wie können wir das umsetzen? Was ist dir wichtig, was könnte es dir erleichtern, was darf ich übernehmen?« Diese Vorgehensweise ist Ausdruck einer personzentrierten Einstellung dem zu unterstützenden Menschen gegenüber.

Die zweite Vorgehensweise ist eine personzentrierte Art und sie ist schon per se heilpädagogisch relevant: Die Fachperson respektiert die Menschenwürde des zu unterstützenden Menschen (anders gesagt: Sie hält ihn für gleichwürdig mit jedem anderen Menschen, also auch mit sich selbst),

> ermöglicht ihm eine seinen Möglichkeiten angemessene Beteiligung am Geschehen und trägt somit zum Erhalt bzw. zur Entwicklung und Stabilisierung seines Personseins bei.

Diese Behauptung wird im weiteren Text nicht nur durch Darstellung und Erörterung von Grundlagen und Zusammenhängen der personzentrierten Arbeitsweise untermauert. Denn die heilpädagogische Unterstützung ist – wie uns die Theorie lehrt – per se schon am Gegenüber orientiert. Es geht nicht darum, ein bestimmtes »normgerechtes Produkt« herzustellen. Die heilpädagogische Unterstützung zielt also nicht auf eine »Reparatur« von nicht bzw. nicht richtig funktionierenden bio-psycho-sozialen Teilbereichen bei Kindern, Heranwachsenden bzw. erwachsenen Menschen, um sie an eine gesellschaftlich geläufige (Erwartungs-)Norm anzupassen.

Im Gegenteil – wer heilpädagogisch tätig ist, leistet nicht mehr und nicht weniger als einen persönlich-mitmenschlichen und fachkompetenten Beistand, der zum Zwecke des Aushaltens von Unveränderbarem, der Überwindung des Beeinträchtigenden und der Entfaltung des Potentiellen erbracht wird. In diesem Selbstverständnis ist auch die Bezeichnung »heil« begründet: Dem zu unterstützenden Menschen soll weder eine »heile« Welt vorgegaukelt noch soll er von seinen organischen oder sonstigen Störungen »geheilt« (gesund gemacht) werden.

Diese Art des fachlich-mitmenschlichen Beistands trägt dazu bei, die im Kontext der »normwidrigen« Existenzeigenart entstandenen psychosozialen und gesellschaftlichen Beeinträchtigungen zu überwinden, sie auszugeichen, loszuwerden, um weniger belastet und inmitten der Gesellschaft das Alltagsleben gestalten zu können. Die heilpädagogische Unterstützung wirkt also heil-bringend im Sinne einiger etymologischer Bedeutungen des Substantivs *Heil*, wie z. B. »etwas, was jemandem das ersehnte Gute bringt; jemandes Wohlergehen; Glückgeborgen«, bzw. des Adjektivs »*heil*«, wie z. B. »gerettet, vollständig, ganz« (Duden 2019).

Nicht wenigen Interessenten für eine berufliche Qualifizierung in Heilpädagogik scheint (zunächst) dieses Selbstverständnis unbekannt. Sie fangen die Ausbildung mit der Vorstellung an, einen Heilberuf im medizinischen Sinne erlernen zu wollen. Folglich sind sie bestrebt, den persönlichen »methodischen Werkzeugkoffer« mit wirksamen therapeutischen »Instrumenten« zu füllen.

Mit der besseren Orientierung in Theorie und Praxis während der Ausbildung hinsichtlich der Quintessenz heilpädagogischer Unterstützung verliert dieser »Werkzeugkoffer« nach und nach seine anfängliche Bedeutung und viele der angehenden Fachleute fangen an, sich in ursprünglicher Bedeutung des Wortes als Therapeuten zu verstehen: Im antiken Griechenland wurde als *therapeia* das Dienen, der Dienst, die Pflege bezeichnet. Demnach waren die *therapeutes* Diener und Pfleger (vgl. Dudenredaktion 2013).

Es geht selbstverständlich nicht darum, dass Heilpädagogen und Heilpädagoginnen als eine Art »Fachdiener« für die zu unterstützenden Menschen tätig sein sollten. Das *therapeia*-Dienen besteht darin, das Fach- und Know-how-Wissen sowie die berufliche Mitmenschlichkeit der o. g. heil-bringenden »Entbeeinträchtigung« von dessen Lebenslage begründet, gekonnt und reflektiert zu Dienst zu stellen.

Über heilpädagogisch relevantes Fach- und Know-how-Wissen existiert eine ganze Menge von Publikationen. Wie oben erwähnt, lässt sich die Personzentriertheit ihrem Wesen nach eigentlich als eine theoretisch untermauerte und methodisch ausgestaltete »berufliche Mitmenschlichkeit« betrachten. Diese (zugegebenermaßen) unpräzise Bezeichnung wird in der Fachliteratur kaum verwendet, obwohl sie die Quintessenz des personzentrierten Umgangs mit dem zu unterstützenden Menschen ziemlich zutreffend benennt, vermutlich, weil sie im Allgemeinen als mehr oder weniger genuiner Bestandteil helfender Haltung betrachtet wird, die bei den Heilpädagogen und Heilpädagoginnen (fast) naturgemäß vorhanden ist. Dementsprechend wurde sie lange Zeit nur am Rande erwähnt und nicht präzisiert.

Die Personzentriertheit hängt von der jeweiligen Einstellung der heilpädagogisch tätigen Fachperson gegenüber dem zu unterstützenden Menschen ab. Die Bezeichnung »Einstellung gegenüber ...« hängt vor allem mit dem Menschenbild[1] zusammen, das in der Heilpädagogik als handlungsleitender Hintergrund betrachtet wird. Neben der christlich verankerten Philosophie und Ethik spielt auch die psychologische Sicht auf den Menschen eine wichtige Rolle. Wenn es um die Personzentriertheit geht, ist das Menschenbild der humanistischen Psychologie von grundlegender Bedeutung. In ihrer Auffassung ist jeder Mensch

- prinzipiell fähig, sein Tun konstruktiv auszurichten,
- bestrebt, sein Leben selbst zu bestimmen (Autonomie), ihm Sinn und Ziel zu geben,
- eine ganzheitliche, untrennbare Einheit (Körper–Seele–Geist),

---

1 Menschenbilder sind allgemeine Vorstellungen vom Sinn des menschlichen Daseins, von dem Wert und von bestimmten Eigenschaften des Menschen.

- ein soziales Wesen und folglich auf seine sozialen Bezüge existentiell angewiesen.

Wer dieses Menschenbild verinnerlicht, sieht sein Gegenüber aus dem Blickwinkel seiner Möglichkeiten und Potentiale und lässt sich von den vorhandenen organischen oder Verhaltensmerkmalen nicht blenden/irreleiten. Das ist die Voraussetzung für eine Vorgehensweise bei der Aufgabenerfüllung im Berufsalltag, die den zu unterstützenden Menschen als Person wahr- und ernst nimmt, ihn miteinbezieht und am Geschehen teilhaben lässt.

Der Schlüssel zu einem positiv wirkenden Handeln liegt demnach primär in einer diesem Menschenbild entsprechenden Haltung, von der aus die Heilpädagoginnen und Heilpädagogen dem zu unterstützenden Menschen wohlwollend, mit Respekt und mit echtem Interesse an seiner Person (also mitmenschlich) begegnen. Darauf wird hier später noch genauer eingegangen.

Der Autor selbst hatte als Fachperson, Hochschullehrer und Wissenschaftler das Privileg, Ausbildungen in mehreren Ansätzen der Psychotherapie, psychologischer Beratung und Pädagogik zu absolvieren und mit ihnen in der Anwendungspraxis der Erziehungs- und Behindertenhilfe Erfahrung zu machen.

Die persönlichen Erkenntnisse aus der Konfrontation mit den Möglichkeiten und Grenzen der Nützlichkeit dieser Ansätze für die Unterstützung von Menschen in beeinträchtigten Lebenslagen flossen dann in die Lehre bei der Ausbildung von Heilpädagoginnen und Heilpädagogen sowie in die Weiterbildungsworkshops und unzählige Teamberatungen/Fallbesprechungen bei der Unterstützung von heilpädagogisch tätigen Fachpersonen ein.

Das Anliegen dabei war es, die Sicht-, Denk- und Handlungsweise der Studierenden wie auch der heilpädagogisch tätigen Kolleginnen und Kollegen gegenüber von andersseienden Menschen um relevantes Fachwissen und Know-how, aber auch um Selbsterkenntnis im Kontext der eigenen Art, ein beruflicher Mitmensch zu sein, zu erweitern. Das ermöglichte ihnen, die subjektive Wirklichkeit des Gegenübers zu »erforschen«/einzuschätzen/begreifen. Denn vor allem von dieser Orientierung aus kann man auf das Gegenüber als »beruflicher Mitmensch« eingehen.

Das ist die »Strategie« der Personzentriertheit (wenn man überhaupt von einer Strategie sprechen kann): zuerst begreifen/verstehen/orientiert sein, dann handeln.

Soviel zu den Motiven im Hintergrund der vorliegenden Ausführungen. Es handelt sich nicht nur um die Darstellung von theoretisch-methodischem

Fachwissen, sondern auch um subjektiv gefärbte Erfahrungen und Überlegungen des Autors zur Frage »Was kann dem Handeln von heilpädagogisch tätigen Fachpersonen die Kraft und die Note einer positiven Wirksamkeit verleihen?«

Die Darstellungen werden immer wieder mit Exkursen zu relevanten Situationen, Aussagen, Feststellungen aus Theorie und Praxis diverser Felder sozialer Arbeit veranschaulicht. Die Heilpädagogik, das heilpädagogische Handeln und die heilpädagogisch tätigen Fachpersonen weisen dabei eine besondere Relevanz auf. Man kann sich verständlicherweise fragen, wieso. Wozu soll das gut sein? Die Antwort: Weil in der heilpädagogischen Berufswelt solche erschwerenden Umstände und Beeinträchtigungen von Kommunikation, Interaktion, Entwicklung, Beziehung und Prozessen wirken, die in keinem anderen Beruf aus dem bunten Pool der Sozialen Arbeit vorzufinden sind.

Das bedeutet allerdings nicht etwa, dass Sozialpädagogen, Sozialarbeiter, Lehrer, Erzieher, Altenpfleger und alle weiteren Fachpersonen, die in anderen Praxisfeldern (also außerhalb der Behindertenhilfe) mit Menschen unterstützend arbeiten, ein leichtes Berufsleben haben. Selbstverständlich werden auch sie mit belastenden Gegebenheiten konfrontiert. Nur ist deren Häufigkeit und Intensität i. d. R. nicht so hoch und die Chancen auf eine (zumindest kleine) positive Veränderung der Lage sind größer.

Ob da oder dort, ist eigentlich egal, weil die personzentrierte Arbeitsweise die genuin menschlichen Bedürfnisse anspricht und folglich bei allen Menschen positiv wirken kann. Wohlbemerkt – kann, aber nicht muss, denn auch ihre Wirkung hat Grenzen. Sich mit dieser Tatsache abzufinden ist die Aufgabe aller, die auf personzentriertes Auftreten im Berufsalltag Wert legen.

Aus dem bisher Gesagten ergibt sich folgende inhaltliche Struktur des Buches:

- In Kapitel 1 wird der Frage nachgegangen, was unter Personzentriertheit und Personzentriertem Arbeiten zu verstehen ist (Theoriewissen).
- In Kapitel 2 wird erörtert, wie das Personzentrierte Arbeiten praktisch geht (Know-how-Wissen). Hier kann die Leserin/der Leser auch die Orientierung in eigener Personzentriertheit gewinnen (Selbstorientierung als Grundlage der bewussten Selbststeuerung).
- In Kapitel 3 folgen dann Anregungen zur Entfaltung professioneller Personzentriertheit auf dem Weg zum durchaus erstrebenswerten Ziel – ein personzentrierter »Mitmensch von Beruf« zu werden.

Die Leserinnen und Leser sind eingeladen, sozusagen um das Thema herum mitzugehen und es von diesen Blickwinkeln zu betrachten – in der Hoffnung, dass diese »Wanderung« ihrer persönlichen Auseinandersetzung mit den Erfordernissen der personzentrierten Arbeitsweise in ihrem Berufsalltag dienlich sein könnte.

Bochum, im Dezember 2019
Prof. Dr. Petr Ondracek

1

Personzentriertheit und Personzentriertes Arbeiten: Was ist das? (Theoretische Grundlagen)

Heute ist die Situation auf dem Feld der Handlungsansätze für Fachpersonen in sozialen Berufen unübersichtlich. Es ist dort eine Vielzahl von Vorgängen, Methoden, Techniken und Zugängen zu finden, die sich manchmal überschneiden, manchmal grundlegend unterscheiden und manchmal das Gleiche unter einem anderen Namen präsentieren.

Vielfalt der Ansätze ist gut, denn so haben die Fachpersonen die Möglichkeit das auszuwählen, was mit der eigenen subjektlogischen Sicht auf das berufliche Handeln am ehesten kompatibel erscheint. Andererseits bringt diese Vielfalt auch Unübersichtlichkeit mit sich, sodass eine Orientierung schwierig ist.

Um entscheiden zu können, was kompatibel sein kann bzw. nicht ist, muss sich die Fachperson eine zumindest grobe Kenntnis dessen erarbeiten,

- was der eine oder andere Handlungsansatz eigentlich besagt (Theorie),
- was das Handeln im Sinne des einen oder anderen Ansatzes charakterisiert (Know-how),

- welche persönlichen Voraussetzungen bei der Fachperson für das Handeln erforderlich sind, über welche sie in welchem Umfang verfügt und welche sie noch erwerben muss (Selbstkenntnis), sowie
- was sinnvoll und hilfreich ist auf dem Weg zur kompetenten Anwendung des Ansatzes im Berufsalltag (Selbststeuerung).

Selbstverständlich reiht sich der hier präsentierte Ansatz des Personzentrierten Arbeitens unter alle anderen Ansätze auf dem o. g. Feld ein. Das geht auch nicht anders, denn dort gehört er hin. Nur – im Gegensatz zu manchen Methoden dort – stellt er keine neue theoretisch-methodologische Vorgehensweise dar, sondern stellt ausgewählte Aspekte des Mensch-Seins zusammen, die man durchaus als zeitlos bezeichnen kann. Zeitlos deshalb, weil sie während der Menschheitsgeschichte bisher das Fühlen, Denken und Verhalten jedes Individuums maßgebend beeinflusst haben, und das auch weiterhin tun werden.

Für das Personzentrierte Arbeiten erweisen sich als ausgesprochen relevant folgende zeitlose Aspekte des Mensch-Seins: Schon immer hat der Mensch als soziales Wesen in der existenziell wichtigen Kommunikation und Interaktion mit seiner sozialen Umwelt

- einen »Entwurf« von sich selbst konstruiert (Selbstkonzept),
- den immer wieder aus dem Gleichgewicht geratenden physiologischen, seelischen und sozialen Zustand erlebt (Bedürfnisse),
- eine innere Überzeugung über den Wert seiner selbst, der anderen Menschen und der Welt kreiert (Selbstwertgefühl),
- die Werte sowie Denk- und Verhaltens-/Handlungsweisen von wichtigen Personen aus seiner Umgebung imitiert (soziales Lernen) und
- sich in verschiedenen Situationen/Lebenslagen wie auch im Kontakt mit unterschiedlichen anderen Menschen eher wohl oder eher unwohl gefühlt.

Diesen Aspekten wird im folgenden Text nachgegangen. Sie werden kurz in ihren wesentlichen Merkmalen dargestellt und sollen eine Orientierung in der Frage, was Personzentriertes Arbeiten ist, ermöglichen.

1.1 Die Begriffe *Person/Persönlichkeit/Selbst*

Der Ausdruck *personzentriert* impliziert eine Fokussierung der Aufmerksamkeit, des Handelns, der Prozesse u. ä. auf einen konkreten Menschen. Im geläufigen

1.1 Die Begriffe *Person/Persönlichkeit/Selbst*

Sprachgebrauch werden die Bezeichnungen *Mensch* und *Person* synonym verwendet – ein Mensch wird als Person bzw. eine Person wird als Mensch mit seinen individuellen Eigenschaften und Eigenarten verstanden.

Im antiken Griechenland wurde als *persona* das Gesicht eines Menschen bzw. eines Gottes verwendet. Im Kontext des Theaters wurde als Person die Maske bzw. Rolle eines Schauspielers bezeichnet. Heute wird der Begriff *Person* in diversen kulturellen und wissenschaftlichen Kontexten verwendet und auch unterschiedlich aufgefasst (Umgangssprache, Kunst, Literatur, Recht, Philosophie, Theologie, Ethik, Psychologie).

Gemeinsam für alle Auffassungen wird als Person all das beschrieben, was von vornherein das Menschsein ausmacht. Das kann die Leiblichkeit des Menschen, seine Gottebenbildlichkeit oder aber eine andere Vorstellung über das Wesen des Menschen sein.

Da die Konkretisierung des Begriffs *Person* eine ziemlich umfangreiche Angelegenheit ist, wird hier kurz nur die fachliche Auffassung des philosophischen, theologischen und psychologischen Standpunktes dargestellt.

Im theologischen Sinne wird der Mensch Person durch seine dialogische Stellung zu Gott: Er ist von diesem geliebt und respektiert, steht als Empfänger von Gottes Offenbarungen und Willenskundgebungen da, ist ihm gegenüber verantwortlich und daher auch Teilhaber seiner Verheißungen und Ziel seines Heilswirkens.

Neuzeitliche philosophische Betrachtung schreibt dem Menschen als Person eine gewisse Freiheit der Entscheidung und Verantwortlichkeit für sein Handeln zu. In modernen philosophischen Strömungen sind Personen die Subjekte der Ethik. Abgesehen von der Ethik des Präferenzutilitarismus (Peter Singer) steht in der gegenwärtigen Betrachtung das Personsein in der Hierarchie der Menschsein-Merkmale über allen anderen Merkmalen, sei es die Persönlichkeit, die soziale Rolle, die Gemeinschaft oder das biologische Wesen.

In der Psychologie wird der Begriff *Person* synonym zu dem Begriff *Individuum* verwendet und ist Gegenstand der psychologischen Forschung, insbesondere im Rahmen der Persönlichkeitspsychologie, einem Teilgebiet der Allgemeinen Psychologie. Es wird dort über Individualität geforscht, d. h. über die besonderen Eigenschaften eines Individuums, die dieses einzigartig machen. Wie schon die Bezeichnung des Fachgebiets impliziert, stellt die *Persönlichkeit* den Schlüsselbegriff der psychologischen Betrachtung eines Menschen als Person dar.

Das *Personsein* des Menschen wird empirisch-psychosozial ausgebildet und offenbart sich in seiner Persönlichkeit. Diese wird als Ganzheit, das Strukturgefüge seelischer Anlagen und Neigungen eines Menschen verstanden, die seine Werthaltungen und sein konkretes Verhalten beeinflussen. Jeder Mensch hat seine eigene, unverwechselbare Persönlichkeit. Die individuelle menschliche Person als Persönlichkeit ist sozial ausgerichtet, also auf den Mitmenschen und die Gemeinschaft (Gesellschaft) bezogen.

Neben dem Begriff *Persönlichkeit* wird in der Psychologie auch der Begriff *Selbst* verwendet. Dieser ist ein in unterschiedlicher Bedeutung genutzter, also eher verschwommener Begriff. So betrachtet z. B. C. G. Jung (Analytische Psychologie) das Selbst als regelnde Instanz im Unbewussten, die er vom bewussten Ich abgrenzt. Für A. Adler (Individualpsychologie) stellt das Selbst den Wesenskern der Persönlichkeit bzw. des individuellen Seins dar. Der Begriff des Selbst tritt in unterschiedlichen Zusammenhängen auf, z. B.: Selbstaktualisierung, Selbstwertgefühl, Selbstwahrnehmung, Selbsterkenntnis u. ä.

Auf einen wichtigen Kontext verweist der Ausdruck *Selbstakzeptanz*. Gemeint ist damit die Art und Weise, wie ein Mensch sich selbst in der Gesamtheit seines Personseins wahrnimmt und akzeptiert. Sie ist ein wesentliches Merkmal der Ich-Identität und wichtiges Kriterium für das psychische Wohlbefinden des Individuums, seine persönliche Autonomie und sein Lebensglück.

An dieser Stelle muss auch der Ausdruck *Selbstzweifel* kurz erwähnt werden. Darunter wird eine belastende Unsicherheit des Menschen verstanden, bestimmte Ziele erreichen oder positiv auf andere Personen wirken zu können. Selbstzweifel entstehen im Kontext der Infragestellung des eigenen Wertes (negative Bewertung als Person, Demütigung ...) sowie fehlender Belege der Selbstwirksamkeit (Versagen, Misserfolg ...). Häufige, intensive und lang andauernde Selbstzweifel haben negativen Einfluss auf das Selbstbild und das Selbstwertgefühl.

Als weitgehend übereinstimmende Auffassung der diversen Zugänge zum Begriff *Person* gilt, dass jeder Mensch eine *Personwürde* besitzt: Person ist jeder Mensch von vornherein, unabhängig von seiner konkreten Verfassung, seinen Fähigkeiten usw. Dazu kommt noch das Merkmal der *Menschenwürde*, die allen Menschen gleichermaßen und unabhängig von ihren Unterscheidungsmerkmalen wie Herkunft, Geschlecht, Alter oder Status zugeschrieben wird.

Bemerkung:
Ethisch problematisch sind jene Positionen, die das Personsein am Vorhandensein bestimmter Fähigkeiten zu messen versuchen, z. B. an Vernunft, Bewusstsein oder Ähnlichem. Hier besteht die Gefahr, dass man dem anderen Menschen, bei dem diese Kriterien nicht messbar bzw. feststellbar sind, sein

Personsein absprechen oder aberkennen zu können glaubt (wie z. B. im o. g. Präferenzutilitarismus).

Von der übereinstimmenden Auffassung des Begriffs Person her betrachtet kann man von einer *Gleichwürdigkeit* aller Menschen ausgehen. Diese Bezeichnung verwendete der dänische Familientherapeut Jesper Juul (vgl. Juul 2016, 150 f.) als eine Alternative zu dem heute häufig frequentierten Ausdruck Gleichwertigkeit, in dem – semantisch gesehen – immer auch eine Bewertung impliziert ist.

Demnach gilt:

- Jedem einzelnen Menschen kommt die individuelle Personwürde zu, die eng mit der allen Individuen eigenen Menschenwürde verbunden ist und die ihm zuerkannt werden muss.
- Jeder Mensch – auch ein Mensch mit Behinderung – ist von vornherein als Person anzusehen und anzusprechen, und ihm ist entsprechend zu begegnen.

> **Exkurs zur Heilpädagogik**
> Der Mensch ist a priori Person von Anfang an: Er besitzt eine Personhaftigkeit, die man ihm nicht absprechen/streitig machen kann. Persönlichkeit muss erst während seiner Entwicklung werden, und zwar aufgrund seines Person-Seins. Nicht also die Person entfaltet sich zur Persönlichkeit, sondern der Mensch gestaltet seine Persönlichkeit. Demnach kann und darf bei einem Menschen mit Behinderung – egal welche Persönlichkeit er aufweist – die Würde seiner Person nicht eingeschränkt sein. Die prinzipielle Anerkennung der Personhaftigkeit bildet das Fundament der heilpädagogischen Haltung und des Handelns (vgl. Hengstenberg 1966).
>
> Das Hauptanliegen der Heilpädagogik ist primär nicht auf die Beseitigung von Fehlern oder Schädigungen bei einer Person ausgerichtet. Vielmehr versucht sie, die beeinträchtigenden Reaktionen des sozialen Umfeldes auf die unüblichen Merkmale des Erscheinungsbildes und Verhaltens dieser Person positiv zu beeinflussen.

1.2 Personzentriertheit/Personzentriert arbeiten

Seit einiger Zeit wird in den sozialen Berufen häufiger von »Klienten- bzw. Personenorientierung« gesprochen. Ob es um Hilfeplanung, persönliches Budget, Wohnraumgestaltung, Personenzentrierte Teilhabeplanung, Integration oder andere Anliegen der Unterstützung von Menschen in beeinträchtigten Lebenslagen geht, die Begriffe »klientenzentriert« oder »personenzentriert« sind präsent und das ist gut so. Denn in der Sozialen Arbeit (und insbesondere in der Heilpädagogik) lag eine lange Zeit der Schwerpunkt fachlicher Ausführungen und Positionierungen auf dem Gebiet der Probleme, Störungen, Behinderungen, Methoden, Techniken und Hilfemaßnahmen. Der konkrete Mensch in beeinträchtigter Lebenslage war dabei zwar immer mitgedacht, stand jedoch nicht immer explizit im Vordergrund.

> **Exkurs zur Heilpädagogik**
>
> Der Begriff *Person* hat offensichtlich für die heilpädagogische Theorie und Praxis eine Bedeutung, denn Emil E. Kobi, einer der Begründer moderner Heilpädagogik, spricht von personaler Heilpädagogik und beschreibt personorientierte Modelle der Heilpädagogik (vgl. Kobi 1985). Es gibt unterschiedliche Zugänge zum Begriff *Person* – z. B. die theologische, die anthropologische, die rechtliche und die psychologische Auffassung, um die geläufigsten zu nennen. E. Kobi beschreibt außerdem noch den instrumentellen, den axiomatischen, den formalen und den attributiven Person-Begriff.
>
> Er geht davon aus, dass Heilpädagogik primär ein Tun ist: Die durch personales Leiden entstandene personale Betroffenheit motiviert zu personaler Hilfe. Im Wesentlichen geht es um ein durch zirkulare Wiederholung geprägtes unterstützendes Handeln – noch einmal sagen, noch einmal tun, aufräumen und abräumen, rhythmisieren und strukturieren, ordnen und entwirren usw. – also berufliches Handeln im Alltagskontext. Das wesentliche heilpädagogische Element darin ist die Tatsache, dass das Handeln im Hier und Jetzt stattfindet und folglich der Fachperson persönliche Präsenz abverlangt.
>
> Man kann auf unterschiedliche Art und Weise präsent sein. Man kann beispielsweise rein physisch im Raum anwesend sein, d. h. als 80 kg Fleisch und Knochen, und dabei in Gedanken woanders verweilen, z. B. beim letzten Streit mit der zickigen Schwiegermutter. Man kann aber auch im wahrsten Sinne des Wortes mit Leib und Seele präsent sein, d. h. im Geschehen

1.2 Personzentriertheit/Personzentriert arbeiten

> involviert sein, an dem, was da ist, teilhaben, sich beteiligen und dadurch dem Gegenüber persönlichen Beistand leisten. Beide beschriebenen Formen der Präsenz haben ein Wirkungspotential: Die erste wirkt sich auf das Geschehen eher negativ aus, die zweite eher positiv.
>
> Fazit: Personales Leiden, personale Betroffenheit, personale Hilfe und persönliche Präsenz sind Handlungsattribute, die das heilpädagogische Handeln unmissverständlich als personbezogene Aktivität charakterisieren. Demnach stellt die Orientierung am Gegenüber einen genuinen Bestandteil methodischer Ausstattung von heilpädagogisch tätigen Fachpersonen dar.

Die hier verwendeten Bezeichnungen *personzentriert, Personzentriertheit, Personzentriertes Arbeiten, personzentriert arbeiten* beziehen sich ausschließlich auf die *Gestaltung von Interaktion/Kommunikation im Ich-Du-Kontext*, also mit einem Menschen, den die Fachperson gerade im Hier und Jetzt unterstützt.

Sprachlich stützt sich diese Bezeichnung auf den Ausdruck »person-centered-approach«, mit dem Carl R. Rogers seinen Ansatz benannt hat. Er wird häufig als »personenzentriert« übersetzt, was genau gesehen nicht ganz im Sinne von C. Rogers ist. Zutreffender ist die Übersetzung als »personzentriert«. Die Singularität dieses Ausdrucks geht von der Erörterung im »Cambridge dictionary«, wo es heißt »We use person in the singular to refer to any human being. To refer to groups of human beings or humans in general, we use people.« (Vgl. Cambridge dictionary 2019) Dächte Rogers bei der Fokussierung der Aufmerksamkeit des Therapeuten/Beraters an Gruppen oder Menschen generell, würde er wohl von »people-centered-approach« sprechen. Dann wäre die Übersetzung mit »personenzentriert« korrekt.

Rogers geht es in der Tat vordergründig um die Orientierung am »inneren Bezugsrahmen« des jeweiligen Gegenübers in laufender Interaktion/Kommunikation (von Rogers als »die subjektive Welt des Individuums« definiert in: Rogers 1987, 37), also nicht um den Umgang mit Störungsmerkmalen, Problemen oder einer Gruppe von Personen, die bestimmte Merkmale aufweisen (z. B. Klienten einer Hilfeleistung zu sein).

Ausgehend von dieser singulären Bedeutung des Ausdrucks »person-centered« wird hier unter *Personzentriertheit* Folgendes verstanden:

Eine Haltung, die bei Interaktionen und in der Kommunikation im sozialen Feld auf das Person-Sein des Gegenübers ausgerichtet ist, es respektiert und im Umgang mit ihm berücksichtigt (Orientierung im und am Gegenüber).

1 Personzentriertheit und Personzentriertes Arbeiten: Was ist das?

So definierte Personzentriertheit geht von den theoretischen Grundlagen des personzentrierten Ansatzes von C. Rogers aus.

Diese Haltung begründet ein interaktives Handeln, welches den zu unterstützenden Menschen als Person annimmt, beachtet, respektiert und sein Bedürfnis nach Selbstachtung zu befriedigen sucht. Dieses alltägliche berufliche Handeln wird hier als *Personzentriertes Arbeiten* bezeichnet:

> *Eine im Berufsalltag bewusst praktizierte, d. h. begründete, orientierte, gekonnte und reflektierte Gestaltung der Interaktion und Kommunikation mit (je)dem (einzelnen) zu unterstützenden Menschen, in der sich die Personzentriertheit der Fachperson offenbart.*

So definiertes Personzentriertes Arbeiten nutzt zum Zwecke der Orientierung in der Sicht-, Denk- und Handlungsweise des Gegenübers neben dem Personzentrierten Ansatz von Carl R. Rogers auch noch Erkenntnisse der Individualpsychologie von Alfred Adler und der sozialen Lerntheorie von Albert Bandura über menschliches Erleben und Verhalten.

Die drei o. g. Erkenntnisquellen haben sich in alltäglicher Praxis des Personzentrierten Arbeitens als ausgesprochen relevant für die Orientierung in subjektlogischer Denk- und Verhaltensbestimmung des zu unterstützenden Menschen erwiesen. Es ist die lebenslange reflektierte Erfahrung des Autors mit unterschiedlichsten Methoden, Techniken und Ansätzen der beruflichen (aber auch privaten) Einflussnahme auf Menschen, die zu seiner festen Überzeugung über den hohen Stellenwert der Personzentriertheit in Praxisfeldern der Sozialen Arbeit geführt hat.

Konkret gesagt: Die positive Wirkung des beruflichen Handelns steht und fällt mit der »personzentrierten Botschaft« im Hintergrund jeder Interaktion: »Ich-will-dir-ein-Mitmensch-sein«. Ist dieses berufliche »Mitmensch-Sein-Wollen« wie ein roter Faden der Kontaktgestaltung bei jedem zu unterstützenden Gegenüber spürbar, dann arbeitet die Fachperson personzentriert. Sie praktiziert eine Vorgehensweise, bei der sich Personzentriertheit als Katalysator positiver Wirksamkeit ihres beruflichen Handelns betrachten lässt.

Orientiert sich die Fachperson in ihrem Tun an der subjektiven Sicht- und Erlebensweise des Menschen, mit dem sie arbeitet, erlebt dieser die Kommunikation und Interaktion deshalb positiv, weil seine wichtigen Bedürfnisse – vor allem die sozial verankerten – befriedigt werden: Sicherheit, Kontakt, Zugehörigkeit, Selbstwirksamkeit und Beachtung. Sie gelten als Nährboden für die existenzielle Selbstachtung als Person. Dies trägt wesentlich dazu bei, dass er sich ins Geschehen einbringen und für gemeinsames Tun öffnen kann.

1.2 Personzentriertheit/Personzentriert arbeiten

Diese Feststellung ist weniger das Ergebnis experimentell untersuchter Methodenwirkung als vielmehr eine persönliche Schlussfolgerung, die aus individueller Langzeiterfahrung abgeleitet wird. Untermauert ist diese Schlussfolgerung durch ähnliche Erfahrung vieler Kolleginnen und Kollegen, die der Personzentriertheit bei der Reflexion und Auswertung der Workshops im Rahmen der Weiterbildung »Personzentriertes Arbeiten und Kontaktförderung« diesen hohen Stellenwert zugeschrieben haben.

Die Personzentriertheit als Haltung wie auch das Personzentrierte Arbeiten als berufliches Handeln im Sinne dieser Haltung bilden ein Fundament menschenwürdiger und das Personsein erhaltender Art der Aufgabenerledigung im Berufsalltag sozialer Arbeit. Dabei geht es darum, dass die Fachperson konsequent mit Berücksichtigung der subjektiven Sicht-, Denk- und Handlungsweise des Gegenübers handelt.

Anders gesagt: Die gemeinsame Situation, das Geschehen, die Aufgabe, sich selbst und alle gerade Anwesenden sozusagen mit den Augen des Gegenübers zu sehen, erfordert eine gute Orientierung in seinem aktuellen Zustand, in seinen Bedürfnissen, Werten und Anliegen, in dem, was ihm gerade wichtig ist, wie er sich selbst sieht und fühlt und wie er sich in gleichen/ähnlichen Situationen verhält.

Diese Eckpunkte der Orientierung am Gegenüber lassen sich lediglich mehr oder weniger zutreffend einschätzen – es ist nämlich nicht möglich, die innere Welt eines anderen Menschen zu 100 % zu erkennen. Sich in laufender Interaktion/Kommunikation möglichst nah an dem »inneren Bezugsrahmen« des Gegenübers zu orientieren ist nicht einfach. Neben guter Beobachtungsgabe und Empathie sind dabei Hinweise aus psychologischen Erkenntnissen über die Art, wie Menschen – salopp formuliert – »funktionieren«, hilfreich.

Deshalb gehören zum Personzentrierten Arbeiten – wie schon oben erwähnt – neben der personzentrierten Haltung im Sinne von C. Rogers auch Kenntnisse der Menschenbilder aus der Individualpsychologie von A. Adler und der Lernpsychologie, konkret der sozialen Lerntheorie von A. Bandura.

Selbstverständlich darf man beim Personzentrierten Arbeiten die psychologischen Erkenntnisse dem Gegenüber nicht als eine Art Diagnose überstülpen. Vielmehr sollen sie der Fachperson als gut verwendbare Hinweise zum besseren Verstehen/Begreifen der subjektiven Art des Gegenübers dienen. Diese begreifende Annäherung an den inneren Bezugsrahmen ist eine conditio sine qua non (unabdingbare Voraussetzung) für ein berufliches Handeln, welches das Personsein des Gegenübers respektiert und ernst nimmt.

Im weiteren Text werden ausgewählte Erkenntnisse der drei genannten psychologischen Ausrichtungen dargestellt. Sie wurden nach dem Kriterium der Relevanz für die beim Personzentrierten Arbeiten unumgängliche Orientierung im und am Gegenüber im Berufsalltag zusammengestellt.

Last but not least: Selbstverständlich soll nicht behauptet werden, dass mit der personzentrierten Arbeitsweise ein Wunderansatz vorliegt, mit dem alle Kommunikations- und Interaktionsprobleme des Berufsalltags gelöst werden können! Manche herausfordernden Verhaltensweisen werden sich trotz des personzentrierten Umgangs nicht wesentlich und auch nicht dauerhaft positiv verändern. Aber es besteht eine berechtigte Hoffnung, dass sie seltener vorkommen. Auch kann davon ausgegangen werden, dass der Berufsalltag für die Fachperson bei personzentrierter Arbeitsweise generell entspannter, ruhiger und angenehmer verläuft. Und damit ist schon viel erreicht. Grund genug also, die eigene naturgemäß mehr oder weniger vorhandene Personzentriertheit zu einer bewussten zu erheben, d. h. sie zu entfalten, zu stärken und zu stabilisieren.

1.3 Humanistische Psychologie

Carl Ransom Rogers gilt als ein bedeutender Begründer der Humanistischen Psychologie. Sie stellt einen Verbund mehrerer Ansätze dar, die weniger eine gemeinsame Theorie als ein gemeinsames Menschenbild aufweisen. Bei der Entstehung und Entwicklung dieser Psychologieausrichtung haben mitgewirkt: Charlotte Bühler, Abraham Maslow (Motivation), Fritz und Laura Perls (Gestalttherapie), Carl R. Rogers (klientenzentrierte Therapie, Personzentrierter Ansatz), Eugene Gendlin (Focusing), Jakob L. Moreno (Psychodrama), Viktor Frankl und Alfred Längle (Logotherapie, Existenzanalyse) u. a. Diese Mannigfaltigkeit der Ansätze verdeutlicht, dass Humanistische Psychologie von Anfang an interdisziplinär und fächerübergreifend dachte und offen für Neues war (vgl. Kriz 2000).

Die Bezeichnung *Humanistische Psychologie* haben die Begründer selbst für ihre Sichtweise und den Zugang zum Menschen gewählt.

Der Begriff *Humanismus* (von lateinisch *humanitas*: Menschlichkeit) bezeichnet eine Sichtweise in der Philosophie, die die Würde und den Wert des Individuums betont. In der Philosophie des Humanismus (dritte der großen Geistesbewegungen neben Renaissance und Reformation) geht es um das Studium des Menschen, welches sich mit spezifisch menschlichen Aspekten der Existenz beschäftigt: mit Bedingtheiten, Werten, Errungenschaften, Zielen sowie Themen wie Liebe, Selbstbewusstheit, Selbstreflexivität, persönliche

1.3 Humanistische Psychologie

Freiheit, Verlangen, Macht, Moral, Ethik, Kunst, Philosophie, Religion, Literatur, Kultur, Musik, Glück, Freiheit (vgl. Ondracek 2007, 401).

Das Menschenbild der Humanistischen Psychologie spiegelt diese Aspekte wider. In Anlehnung an die Präambel der AHP (Association for Humanistic Psychology, USA), verfasst 1964 von ihrem Präsidenten Bugental, werden hier einige charakteristische Merkmale des humanistisch-psychologischen Menschenbildes aufgelistet (vgl. Universität St. Gallen 2005, 6 f.):

- Das menschliche Wesen ist mehr als die Summe seiner Teile (trotz der Wichtigkeit von Einzelfunktionen hat die Einzigartigkeit des Menschen als Ganzheit und Organismus Vorrang).
- Menschliche Existenz vollzieht sich immer in zwischenmenschlichen Beziehungen, im zwischenmenschlichen Feld (→ der Mensch wird als ein soziales Wesen und nicht isoliert von seinen sozialen Bezügen erfasst und angesprochen).
- Ein Wesensmerkmal des Menschen ist die Fähigkeit des bewussten Erlebens sowie die Möglichkeit, dass er Bewusstheit über sich selbst (Selbstbesinnung) erreichen kann (→ im Mittelpunkt stehen subjektives Erleben und subjektive Bedeutungsbildung der Person).
- Der Mensch ist Gestalter seiner eigenen Existenz, weil er in der Lage ist, zu wählen und zu entscheiden (→ er kann erkennen, was er tut, Alternativen entwerfen, sich entscheiden, auf sein Leben einwirken und seine Potentiale nutzen, kann sich also ändern).
- Der Mensch lebt ausgerichtet auf Ziele und Werte (→ er ist mit einer Tendenz ausgestattet zu wachsen, sich zu entfalten, auf etwas hinzuleben, die allen lebendigen Systemen eigen ist).

Kurzgefasst kann man sagen, dass jeder Mensch

- eine ganzheitliche, untrennbare Einheit (Körper-Seele-Geist) ist,
- als soziales Wesen auf seine sozialen Bezüge existentiell angewiesen ist,
- bestrebt ist, seinem Leben Sinn und Ziel zu geben und es zu bestimmen (Autonomie),
- prinzipiell fähig ist, sein Tun konstruktiv auszurichten.

Die Humanistische Psychologie steht eindeutig im Hintergrund der Konzepte »Ganzheitlichkeit«, »Beziehungsorientierung«, »Ressourcenorientierung«, »Prozessorientierung« und »Interdisziplinarität«, welche heute aus der Theorie und Praxis sowohl der Psychotherapie wie auch der Sozialen Arbeit nicht mehr wegzudenken sind.

1 Personzentriertheit und Personzentriertes Arbeiten: Was ist das?

> **Exkurs zur Heilpädagogik**
> Es gibt mehrere Schnittpunkte zwischen dem Selbstverständnis der Heilpädagogik und der Sichtweise der Humanistischen Psychologie (▶ Abb. 1). Obwohl diese ursprünglich dem psychotherapeutischen Anliegen diente, ist ihre grundsätzliche Sichtweise auf den Menschen als bio-psycho-soziale Einheit gut transferierbar in die Theorie und Praxis der Sozialen Arbeit (also auch der Heilpädagogik), denn auch dort wird der Mensch so gesehen.
>
> Der gemeinsame Nenner beider Disziplinen: Wo Menschen mit Menschen professionell unterstützend arbeiten, kommt es nicht primär auf eine bestimmte Technik oder ein bestimmtes Verfahren, sondern auf die »mitmenschliche« Art der Kommunikation und Interaktion seitens der Fachpersonen an. Das wurde in der Humanistischen Psychologie hervorgehoben und empirisch bestätigt (vgl. Rogers 1987) und deckt sich auch mit dem Selbstverständnis der Heilpädagogik (vgl. Ondracek 2007a, 407).

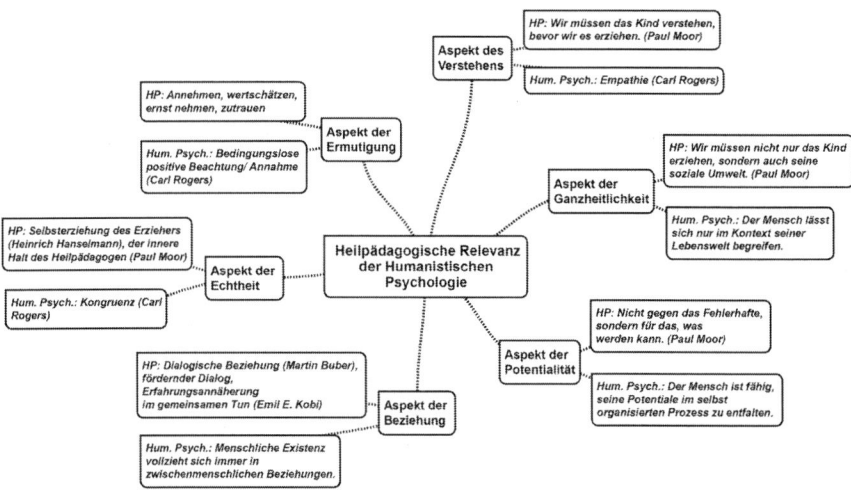

Abb. 1: Heilpädagogische Relevanz der Humanistischen Psychologie (vgl. Ondracek 2007a, 407)

Bemerkung:
Wenn wir die theoretischen und methodischen Grundaspekte und -prinzipien des Umgangs mit dem zu unterstützenden Menschen in weiteren Berufen der Sozialen Arbeit betrachten, dann kommen wir nicht umhin, diese Relevanzen der Humanistischen Psychologie auch für Sozialpädagogik, Schulpädagogik sowie andere pädagogische Tätigkeitsfelder, Pflege usw. als zutreffend erklären zu müssen.

Carl Ransom Rogers (1902–1987)

C. R. Rogers absolvierte zunächst eine tiefenpsychologische Ausbildung und arbeitete eine Zeit lang auch als Analytiker. Aus Unzufriedenheit mit dem psychoanalytischen bzw. behavioristischen Inventar an diagnostischen und therapeutischen Methoden begründete er zuerst die non-direktive und aus ihr dann die klientenzentrierte Psychotherapie. Das Wort Klient soll verdeutlichen, dass die Behandlung weder manipulativ noch medizinisch verordnet ist. Wichtig ist die Beziehung zwischen dem Therapeuten und dem Klienten: Sie ermöglicht es dem Klienten, sich selbst zu erforschen und vor dem Hintergrund der erreichten Selbsterkenntnis die eigene Entwicklung zu steuern (vgl. Groddeck 2002, 89 ff.).

Neben dem Spezialgebiet der Psychotherapie untersuchte Rogers die Wirkung der Prinzipien der klientenzentrierten Arbeitsweise auch in anderen Bereichen, die im Verlauf des Lebens auf die Entwicklung des Menschen Einfluss nehmen (Bildung, Erziehung, Partnerschaft, Gemeinschaft). In diesem außertherapeutischen Kontext bezeichnete er seinen Ansatz nicht mehr als »client-centered«, sondern als »person-centered« (personzentriert). Damit hat sich der Raum für die Anwendung der therapeutischen Prinzipien auch für die außertherapeutischen Praxisfelder der sozialen Arbeit geöffnet.

Rogers hat in der Beschreibung der Persönlichkeitsveränderung durch »person-centered-therapy« drei grundlegende Fähigkeiten des Therapeuten definiert (in außertherapeutischem Kontext spricht er vom »Facilitator« und meint damit den »Ermöglicher« – in Anlehnung an »to facilitate«), die das Gegenüber dabei unterstützen, sein Selbstkonzept, seine Erfahrungen, seine Eigenbewertungen, seine Potentiale und seine Entfaltungs-/Entwicklungsmöglichkeiten zu symbolisieren (sie zu benennen und sich ihrer gewahr zu werden). Sie stehen im Hintergrund der personzentrierten Haltung und sind mittlerweile in der Fachwelt als »rogerssche Variablen« bekannt. Hier werden sie kurz beschrieben (vgl. Rogers 1991, 40 f.; Ondracek 2018a, 151):

- *Kongruenz in der Beziehung zum Gegenüber (Echtsein)*
  Das Wort »Kongruenz« heißt Übereinstimmung und meint, dass das Empfinden und die Gedanken des Facilitators sich mit dem decken, was er nach außen dem Klienten zeigt bzw. sagt. Beispiel: »Entschuldigen Sie bitte, ich kann Ihnen gerade nicht weiter folgen. Es beschäftigt mich noch, was Sie vorher über die Sinnlosigkeit Ihrer Bemühungen erzählt haben.« Das ist aufrichtig und wirkt positiver, als ein Zuhören vorzuspielen, wenn man in Wirklichkeit mit den Gedanken woanders ist.
- *Bedingungslose positive Beachtung des Gegenübers (Akzeptanz)*
  Der Facilitator achtet und respektiert den Klienten in seinem Wert als Person, nimmt ihn ernst und kann ihm das auch vermitteln. Dies offenbart seine innere Überzeugung, dass der Mensch, der ihm gegenübersitzt, nun mal ist, wie er ist, und dass der Facilitator kein Recht hat, ihn als Person in irgendwelcher Art und Weise zu bewerten. Er muss keine Bedingungen erfüllen, um so gesehen zu werden. Wärme und Akzeptanz gegenüber dem Klienten drücken sich vorwiegend nonverbal aus. Eine zugewandte Haltung, ein aufmerksamer Blick, »Hm«-Sagen, Nicken u. ä. zeigen, dass man zuhört und an der Mitteilung interessiert ist.
- *Empathische Einfühlung in den inneren Bezugsrahmen des Gegenübers (Empathie)*
  Der Facilitator spürt die mitschwingenden Gefühle des Klienten und benennt sie zutreffend (verbalisiert emotionale Erlebnisinhalte). Er vermittelt damit dem Gegenüber das Gefühl, verstanden zu werden. Beispiel: »Sie haben damit viel Arbeit gehabt und fühlen sich enttäuscht, vielleicht auch verärgert, dass Ihre Leistung niemand beachtet.« Die Aufgabe ist deshalb schwierig, weil der Facilitator einerseits ein Stückchen weiter geht als der Klient, andererseits diesem aber nichts unterstellen darf. Vorteilhaft ist es, wenn der Facilitator über sprachliche Flexibilität verfügt und viele verschiedene Nuancen von Gefühlen ausdrücken kann.

An dieser Stelle lässt sich am Beispiel von Empathie der Unterschied zwischen *Personzentriertheit* und *Personzentriertem Arbeiten* verdeutlichen.

Im Lexikon der Psychologie wird der Begriff *Empathie* als Synonym für *Einfühlung* angesehen. Sie wird als Fähigkeit eines Menschen verstanden, sich in eine andere Person oder ihre Situation hineinzuversetzen. Demnach wird sie als eine grundlegende zwischenmenschliche Kompetenz betrachtet. Ein wichtiger Aspekt der Einfühlung ist »inneres Mitschwingen«, eine affektive Empfindung, die das Wahrgenommene begleitet (vgl. Wenninger 2002).

Wenn Empathie als einfühlsames Verstehen bezeichnet wird (und das ist der Fall), muss sie zwei Grundkomponenten haben – die affektive Empathie (die für das »innere Mitschwingen« zuständig ist) und die kognitive Empathie (die für das Benennen, Einordnen und Begreifen zuständig ist):

Affektive Empathie stellt eine Art »Gefühlsteilhabe« am aktuellen Befinden des Gegenübers. Es ist das spontane, unmittelbare, anfänglich nicht bewusst zustande kommende Aufnehmen seiner emotionalen Regungen. Dieses »Mitschwingen« wird vor allem durch Ähnlichkeit, Vertrautheit, Beziehung, Zuneigung usw. angeregt und ist folglich subjektiv, nicht gut steuerbar sowie schwer korrigierbar. Allerdings steht der Faktor Ähnlichkeit oft der Empathie im Wege – es ist nicht leicht, bei einem sich deutlich von einem selbst unterscheidenden Gegenüber (Missbildungen, Verhaltensweisen, aber auch Kultur, Religion, Schicht, Leiden ...) emotional mitzuempfinden.

In diesem Sinne stellt die affektive Empathie eine Quelle emotionaler Mit-Erregung in der zwischenmenschlichen Kommunikation und Interaktion dar. Eine kognitive Verarbeitung der aufgenommenen Gefühlseindrücke wird (zuerst) nicht angestrebt.

Kognitive Empathie steht für das rationale Erfassen, Einordnen und die verstandesmäßige Verarbeitung dessen, was hinter der »mitschwingend« wahrgenommenen emotionalen Regung des Gegenübers stehen mag. Also für Orientierung in dem, was einem selbst fremd ist: in der Perspektive des Gegenübers mit seinem Erleben, seinen Gedanken, seinen Bedürfnissen, Motiven, Anliegen und Zielen. Weil es sich um einen bewussten Denkvorgang handelt, ermöglicht die kognitive Empathie eine Beschreibung/Objektivierung des Mitempfundenen und kann reflektiert sowie korrigiert werden.

Die kognitive Verarbeitung ist deshalb erforderlich, weil die Erlebens-, Denk- und Handlungsweise eines anderen Menschen seine eigene, subjektlogische Angelegenheit ist und folglich Elemente, Werte, Erfahrungen, Anliegen usw. beinhaltet, die auf den ersten Blick weder verständlich noch nachvollziehbar sind.

In der Verwendung lässt sich die Empathie unterschiedlich einsetzen – im psychotherapeutischen Setting als kommunikative Empathie und in sozialen Berufen als tätige Empathie:

- *Kommunikative Empathie* wird in der von C. Rogers begründeten Klienten- bzw. Personzentrierten Psychotherapie (hierzulande hat sich aus seinem Ansatz die Gesprächspsychotherapie entwickelt) eingesetzt. Es geht um empathisches Verstehen des sog. inneren Bezugsrahmens des Klienten. Das vom Therapeuten/Berater Mitempfundene und Verstandene wird dem Klienten mitgeteilt, um ihn bewusst erleben zu lassen, was bei ihm gerade abläuft. Mit dieser Orientierung kann er sich selbst sowie die Zusammenhänge seines Erlebens, Denkens und Handelns erkennen, in der Hoffnung,

dass dadurch seine Selbststeuerung im Kontext der Alltags- und Lebensbewältigung besser möglich sein wird.
Fazit: Die kommunikative Empathie wird vor allem im psychotherapeutischen und beraterischen Setting verwendet, in dem sie als conditio sine qua non der Prozesswirksamkeit steht. Selbstverständlich wird auch in außertherapeutischen Feldern empathisch kommuniziert. Dort aber ohne Therapieziele.

- Als *tätige Empathie* lässt sich die Verwendung der affektiv-kognitiven Empathie in außertherapeutischer Arbeit bei Menschen, die mannigfaltige Unterstützungsbedarfe aufweisen, bezeichnen. Professionelles Handeln in sozialen Berufen gewinnt an Wirkungskraft, wenn die Fachperson zuerst begreift, was im Gegenüber momentan vorgeht, wie er die Situation erlebt, welche Bedürfnisse er hat, und dass sein Verhalten bzw. seine Handlungstendenz in diesen Erlebensmerkmalen begründet ist. Also darf es die Fachperson nicht beim empathischen Verstehen belassen, sondern muss anschließend aus dem Begreifen der Lage handeln. In diesem Sinne können mittels tätiger Empathie die Kommunikation, die Interaktion, das gemeinsame Tun und die alltäglichen Verrichtungen respektvoller und konstruktiver gestaltet werden.
Fazit: Die tätige Empathie wirkt bei Alltagsbewältigung als Wegbereiterin für anteilnehmendes Handeln der Fachperson im Kontext des Eingehens auf psychosoziale Bedürfnisse des zu unterstützenden Menschen – aus dem Begreifen seiner Lage unterstützend tätig sein. Im psychotherapeutischen Setting ist diese Verwendung nicht vorgesehen.

Was diese beiden Empathieformen verbindet, ist die Personzentriertheit – sowohl der Therapeut/Berater als auch die Fachperson müssen personzentrierte Haltung verinnerlicht haben, um in ihrem jeweiligen Setting wie oben beschrieben wirken zu können. Auf der anderen Seite gibt es einen grundlegenden Unterschied:

- Ein Therapeut/Berater kann allein mit seiner Personzentriertheit seine Aufgabe erfüllen. Denn er agiert auf keinen Fall als tätiger Unterstützer im Alltag seines Klienten. Seine Personzentriertheit setzt er nur im zeitlichen Rahmen der Beratungs-/Therapieeinheit ein. Außerhalb dieses Zeitfensters haben die beiden nichts miteinander zu tun.
- Im Berufsalltag der Sozialen Arbeit reicht allein die Personzentriertheit nicht aus. Die Fachperson agiert im durchgehenden und langen Zeitfenster als tätige Unterstützerin des Gegenübers. Folglich braucht sie beim Personzentrierten Arbeiten ein Mehr an Wissen darüber, wie ein Mensch

»funktioniert«, um sich in der Lage und Subjektlogik des zu unterstützenden Menschen möglichst umfassend zu orientieren. Dann kann sie auch personbezogen handeln.

Fazit: So, wie die tätige Empathie (in Unterschied zur kommunikativen Empathie) das Handeln miteinbezieht, stellt das Personzentrierte Arbeiten einen umfassenderen Wissens- und Handlungsansatz dar als die Personzentriertheit, so, wie C. Rogers sie mittels seiner Variablen Kongruenz, bedingungslose Beachtung und Empathie beschrieben hat.

Rogers' Menschenbild

Das Menschenbild des Personzentrierten Ansatzes von Rogers ist positiv: Der Mensch ist in seinem Wesenskern gut. Wie anderen lebenden Organismen ist es auch ihm angeboren, sich selbst zu erhalten und zu wachsen. Diese Wachstums- und Entwicklungskraft nennt Rogers Aktualisierungstendenz. Sie befähigt das Individuum zu wachsen, seine Potentiale zu entfalten und nach geistigem und emotionalem Wohlbefinden zu streben. Individuelle Erfahrung, Psyche und die Umwelt befinden sich laut Rogers im ständigen Wechselspiel und stellen somit etwas Lebendiges und Wachsendes dar. Er spricht von einem fortlaufenden Prozess des »organismischen Erlebens«: Das Leben ereignet sich wieder und wieder unmittelbar in der Erfahrung jedes einzelnen Moments.

Folglich besteht das Ziel der Entwicklung jedes Menschen nicht darin, »angepasst« oder »geformt« zu werden. Es geht nicht darum, irgendein Ziel zu erreichen, weil das menschliche Dasein keine »Reise zu einem Endpunkt« ist, sondern ein Entwicklungsprozess, der erst mit dem Tod aufhört.

In seinen Ausführungen zur Persönlichkeitstheorie beschreibt Rogers mit Hilfe von 40 Begriffsdefinitionen (er spricht von Konstrukten) die Grundlagen der Entwicklung von Potentialen sowie des Erlebens, Denkens und Verhaltens/Handelns des Menschen. Diese Thesen stellen gewissermaßen Mosaiksteine eines Menschenbildes dar, welches hier in einer Kurzfassung wesentlicher Merkmale – also im groben Abriss – dargestellt wird (vgl. Rogers 1987, 48 ff.):

- Das Individuum ist mit Potentialen ausgestattet, deren Entfaltung durch die Wirkung einer grundlegenden Entwicklungs- und Erhaltungskraft bedingt ist (Steuerungskraft des Organismus: Aktualisierungstendenz). Diese Kraft kann zwar durch ungünstige Bedingungen geschwächt, jedoch – solange der Mensch lebt – nicht ganz ausgelöscht werden.
- Das Individuum ist der Mittelpunkt seiner eigenen Erfahrungswelt, die seine subjektive Realität ist. Es agiert in seiner subjektiven Realität als ein orga-

nisiertes Ganzes (Organismus). Folglich ist sein Verhalten nur vom Blickwinkel seines subjektiven Wahrnehmungs- und Erfahrungsfeldes zu verstehen (das innere Bezugssystem).
- Das Individuum verhält sich zielgerichtet. Das Verhalten bewertet es nach dem Kriterium »hilfreich ← → unnütz« für die Erhaltung/Entwicklung des Organismus. Sein Empfinden entspricht der subjektiv zugeschriebenen Bedeutung des Verhaltens für die Entwicklung und Erhaltung des Organismus.
- Ein Teil des gesamten Erfahrungsfeldes des Individuums entwickelt sich nach und nach zu seinem self-concept (Selbstkonzept: der »Entwurf von sich«). Dieses entsteht und verändert sich in der Interaktion des Individuums mit wichtigen Menschen (i. d. R. Eltern und Familie), bei der die Bedürfnisse, Beziehungen und Bewertungen ausschlaggebend sind. Das Selbstkonzept stellt ein Bündel von Kriterien für ein »Gut-Dastehen vor sich selbst und der Welt« dar.
- Die das Selbstkonzept bestimmenden Bewertungen sind z. T. solche, die das Individuum selbst vornimmt (eigene Bewertung), und z. T. solche, die wichtige Menschen vermitteln (Fremdbewertung) und vom Individuum als eigene übernommen werden. Das Individuum verhält sich meistens im Einklang mit seinem Selbstkonzept, indem es alles dafür tut, um den »Entwurf von sich« bestätigen zu können und ihn vor einem drohenden Infragestellen zu bewahren (Steuerungskraft des Selbstkonzepts: Selbstaktualisierungstendenz).
- Die durch Aktualisierungstendenz gesteuerten Verhaltensweisen, die der Entfaltung der Potentiale und Entwicklung dienen, können im Widerspruch zum Selbstkonzept stehen. In diesem Falle ist die Steuerungskraft des Organismus stärker als die auf Bestätigung ausgerichtete Kraft des Selbstkonzepts.
- Erlebte Diskrepanzen zwischen der Realität und dem Selbstkonzept erzeugen Unsicherheit und Angst (Zustand der Inkongruenz) und regen ein Verteidigungsverhalten an: Das Individuum tendiert dazu, alle Erfahrungen, die mit seinem Selbstkonzept nicht übereinstimmen, verzerrt wahrzunehmen bzw. sie zu leugnen, und reagiert darauf mit der Festigung des Selbstkonzeptes. Die dabei entstehende psychische Spannung sieht Rogers als Hinweis auf psychische Fehlanpassung.
- Nimmt das Individuum seine eigenen Erfahrungen wahr (auch diejenigen, die mit seinem Selbstkonzept nicht übereinstimmen), symbolisiert (benennt) sie, bewertet sie selbst und unabhängig von der Meinung anderer auf der Dimension »hilfreich ← → unnütz« (organismisch), dann können sie zu seinem Selbstkonzept hinzugefügt werden (Zustand der Kongruenz). Der

Mensch fühlt sich sicher und gut, lebt ganz im gegenwärtigen Moment, nimmt seine Bedürfnisse wahr und ernst und übernimmt Verantwortung für sich selbst. Das dabei entstehende Wohlbefinden sieht Rogers als Hinweis auf psychische Anpassung.
* Die psychische Anpassung wird begünstigt/unterstützt, wenn die soziale Umwelt des Individuums Merkmale der Kongruenz, bedingungsloser Annahme und Empathie aufweist. Dann fühlt sich das Individuum sicher vor der Bedrohung durch die negative Bewertung seines Selbst, kann seine Erfahrungen als Bestandteil seines Selbst akzeptieren und – last but not least – ist imstande, mehr Verständnis und Akzeptanz auch für andere Menschen zu zeigen.

Bemerkung:
Die Bedeutung des Selbstkonzepts für das Empfinden, Denken und Verhalten des Individuums lässt die Schlussfolgerung zu, dass die zwischenmenschliche Interaktion und Kommunikation u. a. immer auch von der selbstkonzeptbedingten Kongruenz bzw. Inkongruenz beteiligter Personen beeinflusst wird.

So lassen sich z. B. die meisten Auseinandersetzungen und Kämpfe zwischen Menschen auf die aktive Verteidigung der »aufeinanderprallenden« Selbstkonzepte zurückführen. Nicht nur aktiver Kampf, sondern auch Unentschlossenheit, Rückzug, Passivität stellen eine Form der Selbstbildverteidigung dar – nach dem Motto »Wer nichts macht, kann nichts falsch machen« und kann nicht negativ bewertet werden.

Relevanz für die personzentrierte Arbeitsweise

Für den theoretischen Hintergrund des Personzentrierten Arbeitens sind von wesentlicher Bedeutung folgende Erkenntnisse darüber, wie ein Mensch laut C. Rogers »funktioniert«:
Die Entwicklung und das Wohlbefinden eines Menschen werden vor allem dann gefördert, wenn dieser sich von seiner sozialen Umwelt angenommen und verstanden fühlt, und wenn ihm Vertrauen in seine eigenen Kräfte und Potentiale entgegengebracht wird. Ermöglichen es die alltäglichen Lebensbedingungen, dass er – auf seine eigene Erfahrung vertrauend – das Verhalten im Rahmen der eigenen Möglichkeiten selbst zu steuern lernt, entwickelt er ein Selbstkonzept, welches von einem stabilen Selbstwertgefühl sowie der Offenheit gegenüber sich selbst und der Welt geprägt ist.
Wenn die Alltagsbedingungen anders sind, d. h. wenn ein Mensch von seiner sozialen Umwelt dauernd bewertet wird und sich von ihr nur dann angenom-

men fühlt, wenn er bestimmte Voraussetzungen bzw. Anforderungen erfüllt, ist sein Selbstbild mit hoher Wahrscheinlichkeit von Misstrauen und Angst geprägt, er ist unsicher, verletzlich, verschlossen, fühlt sich unzufrieden und kommt mit sich und der Welt nicht gut klar (sie mit ihm i. d. R. auch nicht).

Eine besondere Aufgabe besteht in der »Erforschung« des Selbstkonzepts. Es ist eine Art Suche nach Hinweisen, die es der Fachperson ermöglichen, das Denken, Fühlen, Handeln/Verhalten des Gegenübers im Kontext seines Selbstbildes einzuschätzen und in der Interaktion mit ihm soweit wie möglich zu berücksichtigen. Eine Orientierungshilfe bei dieser Suche stellen folgende Fragen dar:

- Wie sieht (ungefähr) dein Selbstkonzept aus?
- Belastet dich (vielleicht) eine Diskrepanz zwischen deinem Selbstkonzept und dem aktuellen Geschehen?
- Auf welche Art, mit welchen (Verhaltens-)Mitteln suchst du dein Selbstbild davor zu schützen, »angekratzt« zu werden?

Zum Personzentrierten Arbeiten gehört auch die Orientierung in eigener Kongruenz, Akzeptanz und Empathie gegenüber der konkreten zu unterstützenden Person in der Interaktion und Kommunikation mit ihr. Hierbei hat sich die Suche nach Antworten auf folgende Fragen als hilfreich erwiesen:

- Bin ich mutig genug, um diesem Gegenüber mein Empfinden zu zeigen, meine Gedanken mitzuteilen und die Hintergründe und Ziele meines Verhaltens offen zu legen?
- Bin ich imstande, diesem Gegenüber ohne Vorbedingungen ein Mitmensch zu sein, es in seinem Personsein wahrzunehmen und sich von seinem Äußeren/Verhalten weder blenden noch zur Person-Bewertung verleiten zu lassen?
- Kann ich die Emotionalität dieses Gegenübers spüren und seine Empfindungen im Kontext des aktuellen Geschehens, seines Selbstbildes und seiner Bedürfnislage einschätzen/verstehen?

Ziel dieser Orientierung ist die Selbststeuerung der Fachperson dahingehend, den zu unterstützenden Menschen anzunehmen, ohne dass dieser sich das Angenommen-Sein zuerst »verdienen« muss (Akzeptanz), ihm gegenüber mit ehrlicher Offenheit auf der Dimension »Empfinden-Absichten-Handeln« aufzutreten, um für das Gegenüber transparent und einschätzbar zu sein (Kongruenz), und sich zu bemühen, ihn in seiner Subjektlogik des Empfindens, Denkens und Handelns mitfühlend zu verstehen (Empathie).

Die genannten Relevanzen zeichnen Eckpunkte einer personzentrierten Kommunikation und Interaktion mit dem zu unterstützenden Menschen auf, die ein Klima erzeugt, in dem das Zusammensein, der Austausch untereinander sowie das gemeinsame Tun von den Beteiligten positiv (oder zumindest nicht belastend) erlebt werden.

Beherzigt die Fachperson im Berufsalltag bewusst und konsequent diese Relevanzen, kann ihre Vorgehensweise als Personzentriertes Arbeiten bezeichnet werden.

Abraham Maslow (1908–1970)

Maslow warf dem orthodoxen Behaviorismus vor, zu theoretisch zu sein. Die Psychoanalyse kritisierte er wegen zu einseitiger Ausrichtung auf Störungen und Krankheiten. Er erarbeitete eine Motivationstheorie, in der er den Prozess beschrieb, den ein Individuum von der Erfüllung seiner Grundbedürfnisse wie Essen, Trinken und Wohnen bis hin zur Selbstverwirklichung (Verwirklichung des gesamten Potentials einer Person) als höchstes Bedürfnis durchläuft (vgl. Ondracek 2007a, 402).

Als Bedürfnis wird das Erleben eines (empfundenen oder tatsächlichen) Mangelzustandes verstanden. Der Mangelzustand entsteht durch aktuelles oder länger anhaltendes Ungleichgewicht auf der einen oder anderen Lebensebene, z. B. auf körperlicher (Hunger, Durst ...), sozialer (Exklusion, Einsamkeit ...), kognitiver (Erklärungsnot, Wissenslücken ...) oder emotionaler (Sorgen, Angst ...) Ebene. Bedürfnisse haben aktivierende Wirkung, weil sie ein mehr oder weniger starkes Verlangen auslösen, den Mangel zu beheben (Bedürfnisbefriedigung). Dadurch lassen sich Bedürfnisse als Beweggründe, Ursachen und Auslöser des Handelns betrachten.

Es gibt Bedürfnisse, die alle Menschen gleichermaßen haben – das sind diejenigen, die ein Lebewesen zu seiner Erhaltung und Entfaltung braucht, um sein Überleben zu sichern. Sie sind zwar wandelbar, von verschiedenen Bedingungen abhängig und im Einzelnen mehr oder minder dringlich, aber für alle Menschen von existentieller Bedeutung.

Es gibt auch Bedürfnisse, die individuell unterschiedlich sind, weil sie von Bildung, Erziehung, Herkunft, Beruf, Einkommen, Vermögen, Alter, Geschlecht, Geschmack, Hobbys usw. abhängig sind. Sie mögen für die eine konkrete Person wichtig sein (z. B. Macht über andere Menschen zu haben), während sie der anderen Person gleichgültig sind.

A. Maslow ging davon aus, dass Menschen während des Lebens immer wieder diverse Mangelzustände erleben und diesen Mangelzuständen entsprechende,

1 Personzentriertheit und Personzentriertes Arbeiten: Was ist das?

zur Befriedigung motivierende Bedürfnisse haben. Diese Bedürfnisse hat er auf mehreren Ebenen hierarchisch zu einem Stufenmodell der Motivation angeordnet (die sog. »Maslowsche Bedürfnispyramide«; ▶ Abb. 2). Dieses Modell mag zwar vielen Fachkollegen und Fachkolleginnen bekannt sein. Trotzdem wird es hier – der Anschaulichkeit halber – gezeigt und kurz erläutert:

Abb. 2: Bedürfnishierarchie (vgl. Maslow 1977, 106 ff.)

Legende:

- Unten stehen die physiologischen Bedürfnisse wie: Atmung, Nahrung, Schlaf, Wärme, Gesundheit, Aktivität, Erholung.
- Der zweiten Ebene sind die Sicherheitsbedürfnisse zugeordnet wie: eine sichere Umgebung haben, Stabilität, Schutz vor Gefahren, Struktur, Ordnung, Regeln.
- Die dritte Ebene beinhaltet Bedürfnisse nach Zugehörigkeit wie: Freunde haben, Familie, Kinder, liebevolle Beziehungen, Gemeinschaft.
- Auf der vierten Ebene sind Bedürfnisse nach Wertschätzung, Beachtung und Selbstachtung angesiedelt wie: Status haben, Ehre, Anerkennung, Aufmerksamkeit, einen guten Ruf, Einfluss sowie Selbstvertrauen, Kompetenz, Leistung, Professionalität, Unabhängigkeit, Freiheit.

Diese vier Ebenen bezeichnet A. Maslow als Defizitbedürfnisse: Sie verlangen so lange nach Befriedigung, bis eine »Sättigung« zustande kommt und Defizite beseitigt werden; dann besteht kein Befriedigungsverlangen mehr. In diesem Sinne läuft die Befriedigung nach dem Prinzip der Homöostase (Wiederherstellung des Gleichgewichts) ab: Wer z. B. längere Zeit nichts gegessen hat, gerät physiologisch in »energetisches Ungleichgewicht«, das sich durch Hungergefühl bemerkbar macht. Der betreffende Mensch sucht aktiv nach einer Nahrungsquelle (z. B. einem Restaurant) und isst à la carte. Die Nahrungsaufnahme versorgt den Organismus mit Energie, das »energetische Gleichgewicht« wird wiederhergestellt, der Hunger verschwindet und die Suche nach Nahrung wird eingestellt – bis zum nächsten Hungergefühl.

- Die fünfte Ebene beinhaltet Bedürfnisse nach Selbstverwirklichung wie: Entfaltung von Potentialen, Individualität, Selbstbestimmung, Unabhängigkeit. Diese Bedürfnisse zielen nicht auf Gleichgewichtserhaltung, sondern auf Vorankommen auf dem Weg, »alles zu sein, was man sein kann«, also soweit wie möglich »man selbst« zu werden.

Die auf der fünften Ebene angesiedelten Bedürfnisse versteht A. Maslow als Wachstumsbedürfnisse. Sie zielen auf das Vorankommen auf dem Weg dahin, »alles zu sein, was man sein kann«, also soweit wie möglich »man selbst« zu werden. Somit haben die Wachstumsbedürfnisse weniger mit Defiziten bzw. Homöostase und viel mehr mit Annäherung an vollständige und umfassende Selbstwerdung zu tun.

Dem entspricht auch die Tatsache, dass das Individuum diese Bedürfnisse, wenn sie sich einmal eingestellt haben, fortwährend empfindet. Fängt der Mensch an sie zu befriedigen, werden sie tendenziell sogar stärker. Deshalb können diese Bedürfnisse im realen Leben nie vollständig befriedigt werden und bleiben somit eine ständige Motivationsquelle (vgl. Boeree 2006, 7).

A. Maslow hat später sein Modell noch um eine sechste Ebene ergänzt – hier sah er die Bedürfnisse nach Transzendenz (Streben nach Höherem, Selbstüberschreitung) wie: Dienst für die Allgemeinheit, Selbstlosigkeit, soziale Gerechtigkeit, aber auch das Streben danach, in einer Verbindung mit etwas Höherem außerhalb seiner selbst, z. B. mit Gott, der Natur oder dem Kosmos zu leben.

Demnach gehört es zum Menschsein, dass über die Befriedigung von materiellen und persönlichen Bedürfnissen hinaus noch etwas steht: die Tatsache, dass man nicht allein ist im Leben, sondern – über das Selbst hinaus – mit allen anderen Menschen und/oder höheren Wesenheiten verbunden ist.

Laut Maslow existieren Unterschiede zwischen den »höheren« Wachstumsbedürfnissen (Ebenen 5 und 6) und »niedrigeren« Defizitbedürfnissen (Ebenen 1 bis 4). Die höheren Bedürfnisse zeichnen zwar den Menschen spezifisch aus (im Gegensatz z. B. zum Tier), sind aber nicht zwingend zu seinem Überleben notwendig. Die Befriedigung von Defizitbedürfnissen stellt eine Voraussetzung für Zufriedenheit dar, das Streben nach Befriedigung der Wachstumsbedürfnisse begründet das über Zufriedenheit hinausführende Glück.

Dieser »Weg zum Glück« (Entfaltung der Potentiale) basiert auf einem persönlichen Wachstum im Kontext der Erfüllung eines Lebensauftrags. Dieser kann genauso in der Entfaltung der eigenen Kreativität liegen wie im selbstlosen Einsatz für eine gerechte Sache (Stangl 2019a).

Demnach können vor allem diejenigen Menschen aktiv nach Selbstverwirklichung streben, die ihre individuelle Lebensaufgabe kennen und versuchen, dieser Aufgabe gerecht zu werden. Voraussetzung dafür ist es, die eigenen Möglichkeiten zu entdecken und Erfahrungen zu machen, die dazu ermutigen, sich selbst zu entfalten. Maslow formulierte das wie folgt (hier sinngemäß wiedergegeben): Ein Mensch hat die Aufgabe, alles zu sein, was er sein kann. Wenn er nicht das tut/umsetzt, wofür es am besten geeignet ist, wird er mit ziemlicher Wahrscheinlichkeit ein ruheloses und unzufriedenes Leben haben – selbst dann, wenn alle anderen Bedürfnisse erfüllt sein sollten.

Die Selbstverwirklichung, wie Maslow sie versteht, besagt also, dass der Mensch über sich selbst hinausgeht, seine eigenen Grenzen übersteigt, eins wird mit der ganzen Menschheit und dem Kosmos. In diesem Verständnis handelt es sich um ein Konstrukt – eine solche Selbstverwirklichung gibt es im realen Leben nicht. Nichtsdestotrotz gehört laut Maslow die Tendenz zur Selbstentfaltung zum Wesen des Menschen. Im Alltagsleben geht es darum, sich auf den Weg zu diesem Konstrukt zu begeben und auf ihm so weit zu kommen, wie es individuell möglich ist.

Neben Maslow haben auch andere Psychologen die Motivationskraft der Bedürfnisse im Kontext der Selbstverwirklichung hervorgehoben. So erforschte z. B. Henry Murray (1893–1988) die Leistungsmotivation und schrieb den Bedürfnissen eine wichtige Rolle in der Verhaltenssteuerung des Menschen zu. Er ging von zwei Bedürfnisarten aus – primäre Bedürfnisse, die regulatorisch wirken (z. B. Hunger oder Durst), und sekundäre (»höhere«) Bedürfnisse, die im Verlauf der individuellen Entwicklung erworben werden und sowohl positiv (z. B. Leistung, Zugehörigkeit, Unabhängigkeit, Fürsorglichkeit u. ä.) wie auch negativ (Dominanz, Ablehnung, Selbstgerechtigkeit, Unterwürfigkeit u. ä.) konnotiert sind (vgl. Bourne & Ekstrand 1992, 282).

Diese Bedürfnisbereiche hat Murray nicht wie Maslow in einer hierarchischen Anordnung zusammengestellt. Sie sind individuell, d.h. im Kontext der persönlichen Lebensgeschichte unterschiedlich stark ausgeprägt. Als solche stellen sie eine gute Möglichkeit dar, das Verhalten einer Person einzuordnen/ zu verstehen.

Maslows Menschenbild

Maslow geht davon aus, dass jeder Mensch grundsätzlich eine wesentliche, biologisch begründete innere Natur besitzt. Diese ist bis zu einem gewissen Grad »natürlich«, axiomatisch gegeben und nur bis zu einem gewissen Grad veränderlich. Sie ist an sich weder gut noch böse und sollte gefördert werden anstatt unterdrückt. Deshalb sollten Menschen ihre innere Natur wahrnehmen und frei ausleben können.

Diese ist von Bedürfnissen mitbestimmt. Es gibt situativ bedingte ad-hoc-Bedürfnisse (z.B. wenn ein Kind im Supermarkt an der Kasse Süßigkeiten sieht und sie unbedingt haben will), aber auch die – sehr bedeutenden – auf Erhalt und Entwicklung des Menschen ausgerichteten Grundbedürfnisse sowie die auf die Entfaltung von Potentialen und das Vorankommen auf dem Weg zur Selbstwerdung ausgerichteten Wachstumsbedürfnisse (siehe unten).

Die Ganzheitlichkeit des Menschen stellt ein weiteres seiner Merkmale dar. Die Wirkung eines Bedürfnisses, einer Sehnsucht, eines Wunsches oder eines Mangels ist immer eine ganzheitlich aktivierende – das gesamte Individuum ist involviert und nicht nur der betroffene Existenzbereich. Als Beispiel lassen sich die Auswirkungen vom Hunger nennen: Der hungrige Mensch nimmt Nahrungsmittel in der Umgebung gezielt wahr, er ist affektiv angespannt, und konativ macht er sich auf den Weg, etwas Essbares zu besorgen.

Die von Maslow pyramidal auf sechs Ebenen zusammengestellten Bedürfnisse sind von ihm in zwei Bereiche aufgeteilt worden – die existentiellen, sog. Defizitbedürfnisse, und die höheren, sog. Wachstumsbedürfnisse. Beide aktivieren den Menschen zu Befriedigungsaktivitäten: die erstgenannten temporär (bis zur Befriedigung), die anderen fortwährend (zur laufenden Entfaltung von angeborenen Potentialen).

Ein weiterer Aspekt der Bedürfnisproblematik: Es gibt Hinweise darauf, dass die Verhinderung von subjektlogisch wichtiger Bedürfnisbefriedigung den betroffenen Menschen frustriert und seine Aggressivität erhöhen kann. Schon 1939 hat Dollard diese Hypothese formuliert (vgl. Dollard et al. 1939). Er war überzeugt, dass Aggression immer ein Resultat von Frustration sei. Diese ist ein Erregungszustand und entsteht infolge einer Verhinderung von Zielerreichung.

Die Lebensrealität ist allerdings anders – auf eine Frustration folgt nicht immer eine Aggression, und Aggressionen sind nicht in jedem Fall Resultate von Frustrationen, denn es gibt auch eine individuelle Frustrationstoleranz. Auch sind manche Frustrationen zu leicht, um aggressives Verhalten auszulösen. Nur bei andauernder Frustration nimmt die Aggressivität zu, vor allem wenn die Möglichkeit nicht gegeben wird, den inneren Aggressivitätsdruck zu ventilieren.

Von diesem Blickwinkel her betrachtet lässt sich schon manches aggressive Verhalten begreifen, wenn man den »Stau unbefriedigter Bedürfnisse« beim Gegenüber erkannt hat. Allein diese Verstehensmöglichkeit macht die »Erforschung« der Bedürfnislage beim Gegenüber sinnvoll und ist als Bestandteil des Personzentrierten Arbeitens zu verstehen.

Relevanz für die personzentrierte Arbeitsweise

Für den theoretischen Hintergrund des Personzentrierten Arbeitens sind von wesentlicher Bedeutung folgende Erkenntnisse darüber, wie ein Mensch laut Maslow »funktioniert«:

- Die Befriedigung von Bedürfnissen ist ein wichtiger (mit-)bestimmender Faktor der Empfindung und Handlung jedes Menschen.
- Insbesondere die existentiellen (Defizit-)Bedürfnisse können (fast nur) unter Mitwirkung des sozialen Umfeldes befriedigt werden, zu dem die Fachperson mit ihrem VIP-Status gehört.
- Die zwischenmenschliche Kommunikation, Interaktion und das gemeinsame Tun stellen das Hauptgebiet der Bedürfnisbefriedigung dar. Und zwar für alle Beteiligten, denn deren Sicht- und Handlungsweise wie auch die Bedürfnisse stehen oft in einem Wechselspiel.

Bemerkung:
Die Fachperson kann eine Bedürfniseinschätzung nicht nur bei dem zu unterstützenden Menschen vornehmen, sondern auch für die eigene Bedürfnislage. Es kann für sie zwar nicht immer angenehm sein, sich bewusst zu machen, dass sie in bestimmten Situationen und bei bestimmten Personen das eine oder andere eher negativ konnotierte Bedürfnis zu befriedigen sucht. Andererseits – wenn die Fachperson nicht weiß, welche eigenen Bedürfnisse sie im Berufsalltag befriedigt und wie sie das tut, kann sie das eigene Verhalten im Umgang mit dem zu unterstützenden Menschen nicht gut steuern und ändern.

Die personzentrierte Haltung der Fachperson offenbart sich u. a. darin, dass sie in ihrem Tun immer auch auf die Bedürfnisse des zu unterstützenden

1.3 Humanistische Psychologie

Menschen achtet, d. h. diese wahr- und ernst nimmt, und dass sie das Gegenüber in die Befriedigung ihrer eigenen Bedürfnisse nicht involviert.

> **Exkurs zur Heilpädagogik**
>
> Schon seit mehreren Jahren wird die Frage der Befriedigung von einigen wichtigen Bedürfnissen bei Menschen mit Behinderung thematisiert – insbesondere das Ausleben der Sexualität (physiologisches Bedürfnis) und die Sehnsucht nach Partnerschaft/Familie/Kindern (Zugehörigkeitsbedürfnis). Diese Bedürfnisse wurden jahrzehntelang (wenn nicht jahrhundertelang) tabuisiert und blieben vor allem bei Menschen mit geistiger oder schwerer mehrfacher Behinderung unbefriedigt. In vielen Fällen wurden die betroffenen Personen mit Verboten, Kontrollen und sogar medikamentös an der sexuellen Befriedigung gehindert. Mit entsprechenden Folgen auf dem Gebiet der alltäglichen Lebensqualität (Frustration, Belastung, Unzufriedenheit, erhöhte Aggressivität, herausforderndes Verhalten ...).
>
> In einer festen Partnerschaft zu leben, eine Familie zu gründen und Kinder zu zeugen war genauso unerwünscht, meistens aus der Sorge heraus, dass die geistig behinderten Eltern nicht gut imstande seien, ihre Kinder zu versorgen, zu erziehen und ihre Entwicklung zu fördern. Die Familienangehörigen wie auch Fachpersonen hatten Angst etwas falsch zu machen und dann für die entstehenden Probleme verantwortlich zu sein.
>
> Diese Handhabung hat sich in den letzten Jahren geändert, indem die unterstützende Fachwelt die Tatsache akzeptiert hat (das familiäre Umfeld tut sich da z. T. noch schwer), dass eine geistige oder mehrfache Behinderung nicht zwangsläufig die hormonell-physiologische Grundlage der Sexualität verschwinden lässt. Egal, wie schwer jemand geistig behindert ist, sein sexuelles Bedürfnis und seine Zugehörigkeitsbedürftigkeit sind vorhanden und steuern sein Empfinden, Denken und Verhalten genauso wie bei einem Menschen ohne Behinderung.

Diese Tatsache hat eine – durchaus personzentrierte – Unterstützung in den heilpädagogischen Einrichtungen hervorgebracht: Das sexuelle Bedürfnis wird wahrgenommen, als gegeben akzeptiert, ernst genommen und im Rahmen des Möglichen wird seine Befriedigung ermöglicht. Ähnlich wird die Erfüllung des Wunsches nach Partnerschaft unterstützt. Hier einige Beispiele:

- Sexualberatung ist eine große Hilfe: Geschulte Sexualberater können mit Menschen mit Behinderung, Angehörigen oder Angestellten in Einrich-

tungen der Behindertenhilfe offen über das Thema Sex und Partnerschaft sprechen und sie darüber aufklären. Als Beispiel seien hier die Pro-Familia-Beratungsstellen genannt.
- Es gibt Angebote und Hilfe bei der Partnersuche von Selbsthilfegruppen oder Vereinen, Internetseiten oder Kontaktbörsen, die z. B. eine Partnervermittlung für Menschen mit geistiger Behinderung anbieten.
- Das Recht auf eigene Entscheidung über die Art der sexuellen Befriedigung wird gewährt – ob wenig, viel oder gar kein Sex, das entscheidet jede/jeder selbst, je nachdem, was er oder sie für sich am besten findet.
  Hierbei leistet die Sexualbegleitung eine Befriedigungshilfe gegen Bezahlung. Diese darf nicht mit Prostitution verwechselt werden, denn bei Sexualbegleitung ist nicht nur der sexuelle Höhepunkt (Orgasmus) das Ziel. Sie soll dem zu unterstützenden Menschen auch dabei helfen, seine eigene Sexualität zu finden und auszubilden.
- Was den Wunsch nach Ehe, Elternschaft und Partnerschaft von Menschen mit Behinderung betrifft, ist seine Erfüllung sozusagen juristisch durch den Paragraf 23 Absatz 1b der UN-Behindertenrechtskonvention gesichert (vgl. Beauftragte der Bundesregierung 2019, 19 f.): Jeder Mensch mit Behinderung hat das Recht, zu heiraten und eine Familie zu gründen.
  Die Umsetzung stellt immer eine persönliche Angelegenheit dar, und die Menschen mit geistiger Behinderung brauchen dabei Unterstützung, die beispielsweise von der Bundesarbeitsgemeinschaft Begleitete Elternschaft angeboten wird.

Das Handeln der Fachperson kann dem Feld des Personzentrierten Arbeitens zugeordnet werden, wenn sie bei diversen Bedürfnissen ihres Gegenübers (also nicht nur auf Sexualität und Familie/Partnerschaft/Kinder bezogen!) wahrnehmend, akzeptierend, ernst nehmend und bei deren Befriedigung (soweit wie möglich) unterstützend agiert. Hierbei sind Hinweise hilfreich, die sich aus den Antworten auf folgende Fragen ergeben:

- Was ist dein gerade jetzt stärkstes Bedürfnis? Was würdest du am liebsten tun, um dieses Bedürfnis zu befriedigen?
- Gibt es bei dir eine länger anhaltende Belastung durch unbefriedigte Bedürfnisse? Wie ist das für dich und wie gehst du mit dieser Belastung um?
- Wie kann ich dazu beitragen, was kann/soll ich tun, um die Befriedigung deiner Bedürfnisse zu erleichtern?

Kleiner Wissenscheck zum Menschenbild bei C. Rogers und A. Maslow

- Wie ist die Bezeichnung »Humanistische Psychologie« zu verstehen? Was sind die charakteristischen Merkmale dieser Psychologieausrichtung? Wie sieht sie den Menschen?
- Wie bezeichnet C. Rogers die angeborene Kraft des Menschen, sich selbst zu erhalten, Potentiale zu entfalten und zu wachsen?
- Durch Interaktion/Kommunikation mit anderen Menschen, durch Eigen- und Fremdbewertungen seiner Erfahrung konstruiert der Mensch sein eigenes subjektlogisches Wahrnehmungs- und Erfahrungsfeld. Ein Bestandteil dieses Feldes ist das Selbstkonzept.
    - Wie wird der Zustand bezeichnet, wenn das Individuum Übereinstimmung zwischen seinem Selbstkonzept und der Realität erlebt?
    - Wie wird der Zustand bezeichnet, wenn das Individuum Diskrepanz zwischen seinem Selbstkonzept und der Realität erlebt?
- Welche drei Faktoren wirken personzentriert in der Interaktion/Kommunikation auf den zu unterstützenden Menschen (die sog. »rogersschen Variablen«)? Wie hat C. Rogers sie charakterisiert?
- Welche Empathieformen gibt es? In welchen Settings werden sie angewendet und mit welchem Ziel?
- Was ist ein Bedürfnis, wie entsteht es, wie macht es sich bemerkbar/welche Wirkung hat es?
- Haben alle Menschen die gleichen Bedürfnisse, oder hat jedes Individuum eigene spezifische Bedürfnisse? Oder gilt beides?
- Welche Bedürfnis-Ebenen enthält die sog. »maslowsche Bedürfnispyramide«?
- Wie bezeichnet Maslow die physiologischen, Sicherheits-, Zugehörigkeits- und Wertschätzungsbedürfnisse? Warum gab er ihnen diese Bezeichnung? Was unterscheidet sie von den Selbstverwirklichungs- und Transzendenzbedürfnissen?

1.4 Tiefenpsychologie

Tiefenpsychologie ist ein Sammelbegriff für diejenigen Ansätze in der Psychologie, welche das menschliche Erleben und Verhalten durch unbewusst ablaufende Prozesse der Triebregulation oder Konfliktverarbeitung erklären. Ausgangspunkt ist die von Sigmund Freud (1856–1939) begründete Psychoanalyse – eine Erkenntnismethode, eine Theorie über die Entstehung und die Auswirkungen unbewusster psychischer Prozesse sowie auch ein therapeutisches Verfahren.

Psychoanalyse als Theorie unbewusster Prozesse in der Entwicklung der Persönlichkeit, bei der Entstehung von Neurosen, Persönlichkeitsstörungen und psychosomatischen Erkrankungen aufgrund von unbewältigten Belastungen/Konflikten/Traumata fokussiert überwiegend die dem Individuum unbewussten Motive und Intentionen seines Handelns. Folglich ist der Mensch nicht für sich selbst transparent und kann seine Handlungsweisen weder lückenlos nach rationalen Motiven erklären noch prognostizieren.

Die Theorie des Unbewussten gehört zu den einflussreichsten Konzepten der Psychologie und Psychotherapie. Das Unbewusste enthält unsere gesamte Erfahrung der Realität, unsere Erinnerungen, Gedanken und Gefühle, obwohl es sich unserem bewussten Zugriff entzieht. Im Lauf der Zeit wandelten Freuds Schüler und andere Kollegen seine Theorien ab. Die heutige Tiefenpsychologie umfasst über 20 verschiedene Schulen, die jedoch alle von Freuds Theorien beeinflusst sind (vgl. Benson et al. 2012, 99).

Zu den Nachfolgern Freuds und Begründern eigener tiefenpsychologischer Schulen gehören beispielsweise Alfred Adler (Individualpsychologie), Carl Gustav Jung (Analytische Psychologie), Harry Stack Sullivan (Neopsychoanalyse), Karen Horney (Neofreudianische Psychoanalyse), Anna Freud (Kinderanalyse), Erik Erikson (Psychoanalytische Ich-Psychologie) oder Erich Fromm (Anwendung der psychoanalytischen Theorie auf soziale und kulturelle Probleme).

Die theoretischen Sichtweisen und methodischen Vorgänge aus den Ansätzen von Jung, Sullivan, Horney, Anna Freud und Fromm finden Anwendung in mehreren Disziplinen: Pädagogik, Soziologie, Philosophie, Kunst und Kulturwissenschaft. Für die Berufe aus dem Spektrum der Sozialen Arbeit ist vor allem die Persönlichkeits- und Entwicklungslehre der Psychoanalyse nützlich: Sie dient als Erklärungsansatz zur Entstehung von herausfordernden Verhaltensweisen sowie anderen seelischen und psychosozialen Auffälligkeiten (vgl. Ahrbeck in Borchert 2000, 127 ff.).

Außerdem erweist sie sich als nutzbar in Bezug auf die Entwicklungsförderung sowie Gestaltung der Einflussnahme auf die zu unterstützenden Menschen im Kontext der Interaktion und Kommunikation mit ihnen. Die von Erikson dezidiert erarbeitete Entwicklungslehre wird in der Sozialen Arbeit als relevant gesehen und auch genutzt. Auch die Individualpsychologie Alfred Adlers spielt dort eine wichtige Rolle als Quelle von sowohl theoretischen Orientierungshilfen als auch praktisch verwendbaren Vorgängen und Interventionen.

Alfred Adler (1870–1937)

A. Adler gehörte zu den ersten Mitgliedern der 1908 von Sigmund Freud gegründeten Psychoanalytischen Vereinigung und war 1911 der erste, der sie verließ. Denn er war überzeugt, dass soziale Einflüsse die menschliche Psyche ebenso formen, wie unbewusste Triebe es tun. Nach dem Bruch mit Freud gründete Adler den Verein für freie Analyse, den er später zum Verein für Individualpsychologie umbenannte.

Diese Namensgebung hebt – im Unterschied zu Freuds Psychoanalyse – das Unteilbare einer Person hervor (lat. »in-dividere« bedeutet »nicht teilbar«) und stellt damit den Gegenpol zu einer den Menschen in Elemente zergliedernden Seelenlehre dar. Menschliches Leben wurde von Adler als zielgerichtet definiert, d.h. von einer subjektiven Strategie gesteuert, die der Mensch aus seinen Erfahrungen konstruiert. Die verschiedenen psychischen Funktionen wie Denken, Fühlen, Handeln, Wahrnehmen, Lernen stehen alle im Dienst eines einheitlich ausgerichteten Strebens (Finalität). Die Individualpsychologie geht also nicht von einzelnen psychischen Elementen aus, sondern vom Menschen als einem organischen Ganzen (vgl. Ondracek 2018b; 7).

Adler ging davon aus, dass der Mensch weder nur durch seine Erbanlagen noch nur durch frühkindliche Umwelteinflüsse vollständig kausal bestimmt ist. Er hat die Tiefenpsychologie durch den Hinweis erweitert, dass die psychische Verfassung des Individuums auch durch aktuelle und dem Bewusstsein zugängliche Einflüsse aus der sozialen Umgebung geformt wird: Der Charakter entwickelt sich in und durch Begegnungen mit anderen Menschen, und alle Aktivitäten des Menschen sind darauf ausgerichtet, einen Platz in der Gemeinschaft zu finden. Die Gemeinschaft ist zu ihrer Verwirklichung und Entfaltung genauso auf das Individuum angewiesen, wie das Individuum zu seiner Selbstentfaltung der Gemeinschaft bedarf. In dieser Gegenseitigkeit gehören auch Widersprüche zwischen individuellen Bedürfnissen und gesellschaftlichen Anforderungen zum Leben (vgl. Stangl 2017).

Adlers Menschenbild

Adler ging davon aus, dass der Mensch mit einer schöpferischen Lebenskraft ausgestattet ist. Lebendige Organismen sind bestrebt und imstande, im Falle organischer Schädigungen den Mangel zu überwinden bzw. zu kompensieren, indem ein anderes Organ seine Funktion erweitert, um die Aufgabe des geschädigten Organs mit erfüllen zu können. Dieses Prinzip sichert die Existenz und das Vorankommen des Organismus und funktioniert bei Menschen genauso auch auf der seelischen Ebene.

Hier offenbart sich diese Kraft sowohl als Bedürfnis nach Entwicklung, Anstrengung und Leistung wie auch in der Tendenz, die Misserfolge und Niederlagen in einem Aufgaben-/Lebensfeld durch Streben nach Erfolg auf einem anderen auszugleichen/zu kompensieren. In das Streben nach Vervollkommnung/Vorankommen/Ausgleich/Kompensation wird jede körperliche und psychische Regung sowie auch jede soziale Wirkung des Menschen eingespannt.

Demnach zeichnet Adler in seiner psychosozialen Persönlichkeitstheorie das Bild eines aktiven, zielgerichteten und schöpferischen Individuums, welches – in gesundem Zustand – in einer positiven und konstruktiven, also mitmenschlichen Beziehung zu anderen Menschen steht. Er war von der unbegrenzten Lernfähigkeit eines jeden Individuums überzeugt. Niemand sei der Sklave irgendwelcher Gene und ein Gefangener seiner Kindheitsumstände.

In der Tat bringt zwar jedes Kind bestimmte angeborene Potentiale und Möglichkeiten mit auf die Welt. Sie sind allerdings nicht mehr und nicht weniger als Bausteine seiner Entwicklung. Das Gebäude (die Persönlichkeit/der Charakter) ist das aktive Werk des Kindes. Laut A. Adler geht es im Leben weniger um das, was man hat, als darum, wie man es verwaltet und was man daraus macht. Die eigentliche Grundlage des (Über-)Lebens ist das aktive ziel- und zweckgerichtete Verhalten/Handeln.

Das Minderwertigkeitsgefühl, Macht- und Geltungsstreben, Gemeinschaftsgefühl und das Selbstwertgefühl sind die wichtigsten Begriffe der individualpsychologischen Auffassung von Menschsein (vgl. Ondracek 2018b, 11 ff.).

- Ein *Minderwertigkeitsgefühl* ist das (unangenehme) Empfinden eines Menschen im Kontext von gegebenen, erlebten bzw. auch geglaubten organischen/körperlichen Mängeln, psychischer bzw. auch sozialer Unzulänglichkeit, geringer Geltung/Beachtung (Wert-Sein), des »Unten-Seins« u. ä. gegenüber Alltags-/Lebensaufgaben und/oder anderen Personen, eines realen bzw. befürchteten Versagens vor den Ansprüchen des Alltags/der Umwelt/des Lebens.
Diese empfundene Unterlegenheit, Unsicherheit und Schwäche stellt laut Adler eine universelle menschliche Erfahrung dar, die in der frühen Kindheit wurzelt (Unterlegenheit und Abhängigkeit gegenüber den Erwachsenen) und eine wichtige Funktion hat – sie motiviert zur Bewältigung der Aufgabe/Situation bzw. zur Überwindung von Mängeln/Unvollkommenheiten (also »verlangt« nach Veränderung des unangenehmen Empfindens hin zu einem »Überwertigkeitsgefühl« nach dem Motto »Ich kann das«, »Ich habe es geschafft!«).

Als häufigste Quellen des Minderwertigkeitsgefühls hat Adler folgende Lebensumstände beschrieben: Situation des Kindes gegenüber Erwachsenen, Organminderwertigkeit, soziale und ökonomische Lage, Geschlecht, Familienatmosphäre und Bewertungsmaßstäbe, Geschwisterkonstellation, Erziehungsfehler, belastende Lebensereignisse. Die Unterlegenheit sucht das Kind auszugleichen (Kompensation), indem es eine subjektive »Fiktion persönlicher Überlegenheit« schafft, welche – meist nicht bewusst/nicht verstanden – als Ziel seiner Aktivität dient.

- Das *Macht- und Geltungsstreben* hat das primäre Ziel, das Minderwertigkeitsgefühl zu überwinden bzw. zu kompensieren und die Anforderungen des Alltags/Lebens zu bewältigen. A. Adler hält es für die zentrale Entwicklungs-/Überlebenstriebkraft des Menschen. Es geht darum, über das hinauszuwachsen, was das Individuum gegenwärtig ist. Gesundes Machtstreben (um Macht über die Alltags-/Lebensaufgaben zu erlangen) zielt darauf, ein vollkommeneres und erfüllteres Leben zu führen. Folglich ist diese Kraft primär nicht negativ zu bewerten. Sie kann sehr förderlich sein und bedingt – sofern sie im Dienst der Gemeinschaft steht – den gesamtgesellschaftlichen Fortschritt.

  Ein anders ausgerichtetes Machtstreben zielt nicht auf Bewältigung von Alltags-/Lebensaufgaben, sondern auf persönliche Überlegenheit über andere Menschen (»Oben-Sein-Wollen«) – also im sozialen Feld zu dominieren, zu führen, als etwas Besonderes zu gelten u. ä., kurz, ein Machtmensch zu sein und sich physisch, mittels Manipulation, Mobbing/Schikane, Verweigerung usw. über andere zu stellen (es gibt nichts, was zu diesem Ziel nicht eingesetzt werden kann). Diese Art, die eigene Unzulänglichkeit auszugleichen (Fehl-Kompensation), sichert weder Entwicklung noch erfüllteres Leben, sondern belastet alle Beteiligten.

  Bemerkung: A. Adler beschrieb auch einen »Überlegenheitskomplex«, der sich in dem unaufhörlichen Bedürfnis nach Erfolg äußert. Das Problem dieses Strebens besteht darin, dass der Erfolg nicht das Selbstvertrauen, sondern die Abhängigkeit von äußerer Anerkennung verstärkt.

- Das *Gemeinschaftsgefühl* wird von Adler als ein unumgänglicher Ausgleich aller natürlichen Schwächen des Menschen betrachtet (vgl. Adler [1929] 1994, 31). Es ist nicht etwas Fertiges, womit das Kind auf die Welt kommt, sondern ein angeborenes Potential zum Leben in sozialen Beziehungen. Jeder Mensch sucht seinen wertgeschätzten Platz innerhalb der Gemeinschaft seiner sozialen Umgebung, will von der Gemeinschaft profitieren und will, dass die Gemeinschaft auch von ihm profitiert. Laut Adler wird dieses Potential in früher Kindheit innerhalb der Familie entfaltet (kann aber auch beeinträchtigt werden). Das Gelingen bzw. Misslingen seiner Entfaltung wird schließlich zum Gradmesser seelischer Gesundheit des Individuums (vgl. Dreikurs-Ferguson 1984, 9).

Eine Person mit stark entwickeltem Gemeinschaftsgefühl hat Interesse an anderen Menschen, ist zum gleichberechtigten Zusammenwirken fähig und agiert im sozialen Umfeld wie ein Mitmensch. Es geht aber beim Gemeinschaftsgefühl nicht nur um die Ich-Du-Beziehungen innerhalb der engen sozialen Gruppen (Familie, Freundeskreis, Arbeitskollegium, Gemeinde). Im individualpsychologischen Sinne wird Gemeinschaftsgefühl auch als ein mitfühlender, engagierter und aktiver Bezug zu allen Menschen verstanden. Metaphorisch gesagt (Idealkonstrukt): Voll entfaltetes Gemeinschaftsgefühl hat ein Mensch, der sein eigenes Vorankommen mit dem Vorankommen der Menschheit in Einklang bringt.

Das Gegenteil des Mitmenschen ist der o. g. Machtmensch, bei dem das Gemeinschaftsgefühl beeinträchtigt ist und das Streben nach »Oben-Sein-Wollen« überwiegt.

- Das *Selbstwertgefühl* ist eine Empfindung, die im Kontext der festen Überzeugung des Individuums über eigenen Wert steht. Diese Überzeugung hat Wurzeln in früher Kindheit und festigt bzw. ändert sich auch im weiteren Leben durch die Art und Wirkung der Interaktion/Kommunikation mit wichtigen Personen: Wird das Individuum von ihnen so angenommen, wie es ist, und in seinem Personsein nicht bewertet, hat es kaum Anlass, sich selbst negativ zu bewerten; andersherum regen Abweisungen/Ablehnungen und negative Bewertungen in der Interaktion mit der sozialen Umwelt oft eine negative Selbstbewertung an. Das Selbstwertgefühl kann in seiner Grundausrichtung überwiegend positiv oder aber negativ geprägt sein. Weitere Merkmale: stabil, instabil, explizit (bewusst-kognitiv), implizit (unbewusst-affektiv).

Ein *positiv geprägtes Selbstwertgefühl* offenbart sich durch Sachbezogenheit, Aktivität, Arbeit/Anstrengung und Kooperationsbereitschaft bei der Bewältigung von Alltags-/Lebensaufgaben, durch Mut zum neuen Versuch bei Misserfolg sowie im gelingenden Streben nach Ausgleich von Mängeln/Unvollkommenheiten (sach- und aufgabenbezogenes »Überwindungsverhalten«).

Ein *negativ geprägtes Selbstwertgefühl* offenbart sich in Unsicherheit, Angst, Ausweichtendenz, Fehlkompensation (Machtstreben, »Oben-Sein-Wollen«), Ichbezogenheit sowie durch Ablenkungstendenz bei Gefahr der Unterlegenheit/Unzulänglichkeit/Unfähigkeit u. ä. während der Konfrontation mit Alltags- und Lebensaufgaben (kompensierendes sog. »Rettungsverhalten«).

1.4 Tiefenpsychologie

> **Exkurs zur Heilpädagogik**
> Für Heilpädagogen und Heilpädagoginnen dürfte von Bedeutung sein, dass Adlers Interesse am Phänomen der Minderwertigkeitsgefühls sowie an den positiven und negativen Effekten des Selbstwertgefühls durch die Arbeit mit körperbehinderten Patienten geweckt wurde. Als er untersuchte, wie sich »Organminderwertigkeit« auf die Leistung und das Selbstgefühl der Betroffenen auswirkte, stellte er starke Unterschiede fest:
>
> - Einige seiner Patienten erbrachten große Leistungen (ob im Alltag, in der Wissenschaft, Kultur oder im Sport) – offenbar wirkte ihre Behinderung auf sie stark motivierend.
> - Andere Patienten hingegen fühlten sich wegen ihrer Behinderung minderwertig und taten kaum etwas, um ihre Lage zu verbessern – sie entwickelten ein Gefühl genereller Minderwertigkeit, welches zu einer unausgeglichenen Persönlichkeit und einem chronischen Minderwertigkeitskomplex führte.
>
> Adler führte diese Unterschiede darauf zurück, wie die Betroffenen sich selbst sahen. Mit anderen Worten: auf ihr Selbstwertgefühl.
>
> Die Situation eines Kindes, das z. B. mit einer organischen Schädigung auf die Welt kommt, unterscheidet sich grundlegend von der eines gesunden Kindes. Es wird von seiner sozialen Umgebung häufig besonders unterstützt (Untersuchungen, Therapien, Förderung ...), was zwar nachvollziehbar und sinnvoll ist, jedoch dem Kind signalisiert, dass bei ihm etwas nicht in Ordnung ist. Das Kind merkt früher oder später, dass andere Kinder manche Dinge besser können, die Umwelt traut ihm nicht so viel zu, nimmt ihm vieles im Alltag ab usw. Somit lassen die Selbst- und Fremdwahrnehmung, die Selbst- und Fremdbewertung, die Vergleiche mit anderen und letztendlich auch die besonderen Hilfen einen Behinderungszustand entstehen (vgl. Kobi 1993, 113 ff.), der als eigentlicher Gegenstand einer von Kobi verstandenen »personalen Heilpädagogik« zu betrachten ist.
>
> Der Behinderungszustand ist immer auch von einer Selbstwertproblematik begleitet: Die zu seiner Entstehung führenden Prozesse wirken meist negativ auf das Selbstwertgefühl des Kindes ein. Und wie Adler festgestellt hat, kann daraus entweder eine starke Leistungsmotivation (die Beeinträchtigungen über besondere Leistung kompensiert) oder aber eine Alltags-/Lebensentmutigung (die Beeinträchtigungen über Ausweichen vor Aufgaben und »Oben-Sein-Wollen« kompensiert) entstehen.

1 Personzentriertheit und Personzentriertes Arbeiten: Was ist das?

Bei der Unterstützung von Menschen (ob mit Behinderung oder ohne) ist es immer hilfreich, das Selbstwertgefühl des Gegenübers zu »erforschen«, um seine Selbstwahrnehmung und das kompensierende Verhalten zu verstehen. Auf jeden Fall ist es sinnvoll, das Selbstwertgefühl im Kontext der Alltagsbewältigung positiv zu stärken.

Die soziale Komponente des Selbstwertgefühls hat in den 1960er Jahren der britische Psychologe Michael Argyle beschrieben. Das Selbstwertgefühl steht und fällt durch den Vergleich mit anderen. Laut Argyle fühlt sich der Mensch besser, wenn er sich für erfolgreicher als andere hält, und leidet, wenn er sich anderen unterlegen fühlt (vgl. Benson et al. 2012, 100 f.).

Als wichtiges Wesensmerkmal des Menschen betrachtet A. Adler die Tatsache, dass jedes Verhalten/Handeln (egal ob bewusst geplant oder automatisiert, d. h. nicht bewusst, ausgeführt) der Verfolgung von Zielen dient (Verhaltensfinalität). Im Kontext des Selbstwertgefühls lassen sich *zwei grundlegende Ausrichtungen der Finalität* unterscheiden. Dabei gilt, dass das Ziel bei jedem Menschen subjektiv-einzigartig ist und seine Verfolgung auf persönlichen Erfahrungen baut:

- Entweder zielt das Verhalten/Handeln auf die Bewältigung/Erfüllung von Alltags- und Lebensaufgaben (bei positiv ausgerichtetem Selbstwertgefühl), oder
- auf das Ausweichen vor diesen Aufgaben und auf kompensierendes Streben nach Macht, Geltung und Überlegenheit über andere, sowie nach dem Beweis eigener Wichtigkeit (bei negativ ausgerichtetem Selbstwertgefühl).

Das Verhalten eines Menschen im Kontext seiner final gerichteten Subjektlogik kann man erst dann einschätzen, wenn sein »Lebensstil« erkannt wird. Adler versteht darunter das Ergebnis der persönlichen Auseinandersetzung mit den angeborenen Anlagen und den umweltbedingten Anforderungen des Lebens in der frühen Kindheit. Der Lebensstil lässt sich bereits im Alter von vier bis fünf Jahren erkennen.

Es ist die innere, nicht bewusste, Überzeugung von sich, von anderen Menschen und von den Aufgaben des Lebens. Entsprechend der Finalität entwirft jedes Individuum ein persönliches Verhaltenskonzept zur Sicherung der Dazugehörigkeit und Anerkennung, oder aber der Überlegenheit und Macht. Die mit ihm kompatiblen und eintrainierten Verhaltensmuster kennzeichnen relativ stabil den Charakter des Individuums. Deutlich erkennbar ist er vor allem dann, wenn der Mensch einer neuen oder schwierigen Lebenssituation ausgesetzt wird.

Adler geht davon aus, dass bei einem Menschen, der gerade in einer günstigen Situation lebt, sein Lebensstil nicht aktiv-steuernd wirkt, weil eine (immer mehr oder weniger) anstrengende Bewältigung des Alltags nicht erforderlich ist. In neuen Alltags-/Lebenssituationen aber, in denen das Individuum Schwierigkeiten/Belastungen und Unsicherheit ausgesetzt ist, fängt das subjektlogische Verhaltenskonzept seine Wahrnehmung, sein Empfinden, Denken und Handeln zu steuern an. Dann tritt sein Lebensstil deutlich und scharf zutage und wird für jedermann sichtbar.

Relevanz für die personzentrierte Arbeitsweise

Von wesentlicher Bedeutung sind folgende Erkenntnisse darüber, wie ein Mensch laut Adler »funktioniert«:

Menschliches Leben wurde von Adler als zielgerichtet definiert – er legte Wert auf die Frage, was der Mensch aus seinen Potentialen und Erfahrungen macht. Wichtigste Konstrukte seines Menschenbildes sind Minderwertigkeitsgefühl und Überlegenheitsstreben, die er zusammen mit dem Geltungsstreben als treibende Kräfte der menschlichen Entwicklung betrachtete. Auch das Gemeinschaftsgefühl und das Selbstwertgefühl spielen im Menschenbild der Individualpsychologie eine herausragende Rolle.

All diese Merkmale der menschlichen Natur stellen den Dreh- und Angelpunkt des Lebensstils eines Menschen dar. Ihre persönliche »Mischung« begründet die subjektlogische Art des Individuums im Umgang mit Alltagssituationen und Lebensaufgaben sowie mit sich selbst und mit anderen Menschen, wobei das Selbstwertgefühl eine Hauptrolle spielt.

Das Selbstwertgefühl setzt sich aus allen gewichteten affektiven Selbsteinschätzungen zusammen (sowohl positive als auch negative Bewertungen). Jeder Mensch ist bemüht, sein Selbstwertgefühl zu schützen und zu erhöhen. Ist das momentane Selbstwertgefühl einer Person gering, dann ist das Schutz- und Erhöhungsbedürfnis besonders ausgeprägt.

Anders gesagt: Wie ein Mensch die Alltags- und Lebensaufgaben wahrnimmt, was er dabei empfindet, denkt und wie er sich dann ihnen gegenüber verhält, was er tut und lässt – das alles hängt davon ab, ob sein Selbstwertgefühl (und folglich seine inneren festen Überzeugungen) positiv oder aber negativ ist.

Deshalb ist es für die Fachperson hilfreich, bei der Gestaltung der Interaktion/Kommunikation mit dem zu unterstützenden Menschen einzuschätzen, wie dessen lebensstil- und selbstwertgefühlbedingte Empfindungs-, Denk- und Handlungsweise in aktueller Situation ist. Ebenso wichtig ist es, auch seine subjektlogisch gesteuerte Lebens- bzw. Überlebensstrategie auf der Polarität

»Alltags-/Lebensaufgaben angehen und erledigen ← → Macht/Geltung/Überlegenheit über andere« einzuschätzen.

Für das Personzentrierte Arbeiten ist es wichtig zu wissen, dass es sich dabei um eine Person-bezogene »Erforschung« dieser Aspekte handelt, nicht um die Erstellung einer Diagnose! Auch wenn das Menschenbild der Individualpsychologie ein Modell darstellt, welches auf alle Menschen zutrifft (also auch auf die Fachperson selbst!), die Diversität der Subjektlogiken ist enorm (jeder Mensch hat seine eigene) und dieser Tatsache muss die Fachperson in ihrer personzentrierten Vorgehensweise Rechnung tragen – nach dem Motto »Im Einzelfall kann alles anders sein.« Gerade dieser Relevanzaspekt entspricht dem genuinen Wesen der Personzentriertheit und des Personzentrierten Arbeitens.

Es geht nicht um eine Zuordnung des Gegenübers zu einer als allgemein für alle Menschen geltenden Art des »Funktionierens«. Vielmehr liegt die Personzentrierung darin, im Rahmen dieser allgemeinen »Blickrichtung auf Menschen« die höchst persönliche subjektlogische Prägung des »Funktionierens« bei jedem einzelnen Gegenüber zu suchen. Die Ergebnisse dieser »Erforschung« dürfen selbstverständlich (in Anlehnung an die Ausführungen von C. Rogers) *auf keinen Fall bewertende Konnotation* haben. Solche Suche macht die personzentrierte Arbeitsweise interessant und spannend, weil dabei auch manche Überraschungen erlebt werden können.

Für die Orientierung in der lebensstil- und selbstwertgefühlbedingten Empfindungs-, Denk- und Handlungsweise des zu unterstützenden Menschen ist es hilfreich, Antworten auf folgende Fragen zu suchen:

- Wie sind deine inneren Überzeugungen – was hältst du von dir selbst, was von anderen Menschen, und wie fühlst du dich in der Welt?
- Wie sieht dein Selbstwertgefühl aus? Belasten dich vielleicht Selbstzweifel und Angst vor Unterlegenheit? In welchen Situationen und bei welchen Personen sind diese besonders stark?
- Wie gleichst du diese Belastungen aus, welches »Rettungsverhalten« setzt du dafür ein?
- Wie kann ich dich bei der Bewältigung von alltäglichen und Lebensaufgaben unterstützen? Was würde dich dazu ermutigen, an diese Aufgaben heranzugehen?

Fazit: Die Fachperson arbeitet personzentriert, wenn sie die sich aus den Antworten ergebende Orientierung im Selbstwert und der subjektlogischen Finalität des Gegenübers bewusst und konsequent in die Interaktion und

Kommunikation mit ihm einbezieht – mit dem Ziel, seinen Selbstwert positiv zu stärken und seine Verhaltensweise möglichst sach- und aufgabenbezogen auszurichten.

Kleiner Wissenscheck zur Individualpsychologie von A. Adler

- Wie ist die Bezeichnung »Individualpsychologie« zu verstehen? Welche Auffassung vom Menschen bei A. Adler offenbart der lateinische Ausdruck »in-dividere«, von dem er die Bezeichnung abgeleitet hat?
- Welches Gefühl/Befinden stellt sich beim Menschen ein, wenn er aktuell vor der einen oder anderen konkreten Anforderung des Alltags bzw. vor der einen oder anderen Lebensaufgabe steht? Ist dieses Gefühl an sich schlecht? Welche Funktion hat es?
- Ist das Überlegenheits-/Geltungsstreben an sich schlecht?
- Adler sieht das Überlegenheitsstreben als ein wichtiges Merkmal des menschlichen Wesens. Je nach der Ausrichtung dieses Strebens wird eine hilfreiche und eine belastende Zielsetzung des Strebens (Finalität) unterschieden.
  - Welche Finalität hat das Verhalten/Handeln eines Menschen, der gerade vor einer unangenehmen und herausfordernden Alltagsaufgabe steht und ein stabiles, positives Selbstwertgefühl in sich trägt?
  - Welche Finalität hat das Verhalten/Handeln eines Menschen, der gerade vor einer unangenehmen und herausfordernden Alltagsaufgabe steht und ein labiles, negatives, zweifelndes Selbstwertgefühl in sich trägt?
- Was zeichnet das Gemeinschaftsgefühl aus, wodurch wird seine Entwicklung gefördert, wodurch beeinträchtigt?
- Wie nennt Adler die innere Grundüberzeugung eines Menschen über sich selbst, andere Menschen und die Welt? Wann im Leben des Menschen bildet sich diese innere Grundüberzeugung aus und auf welches Gefühl stützt sie sich?
- Worauf ist bei der Verwendung der individualpsychologischen Erkenntnisse darüber, wie ein Mensch »funktioniert«, besonders zu achten?

1.5 Lernpsychologie

Lernen wird als die Aneignung von Kenntnissen, Fähigkeiten und Verhaltensweisen verstanden. Die Lernprozesse sind Gegenstand verschiedener Wissenschaftszweige wie z. B. der psychologischen Lerntheorie, der Pädagogik und pädagogischen Psychologie sowie der Verhaltensforschung.

Ein neugeborenes Kind ist – im Unterschied zu Tieren, die auf die Welt mit einer das Überleben sichernden Instinktausstattung kommen – instinktmäßig »unterversorgt«. Dafür besitzt es einen spezifischen Ausgleich: herausragende Lernfähigkeit. Sie befähigt das Kind, sich im Wechselspiel mit der sozialen Umwelt die zum Überleben erforderlichen Verhaltensweisen und Fähigkeiten anzueignen (Mobilität, Sprache, kulturspezifische Fertigkeiten, soziales Verhalten usw.). Sein Leben lang ist der Mensch auf das Lernen angewiesen.

Unspezifisch betrachtet lassen sich zwei Formen des menschlichen Lernens unterscheiden:

- *Beiläufiges Lernen* findet im situativen Kontext ungeplant und i. d. R. nicht bewusst statt. Ein Beispiel stellt das Erlernen der Sprache dar. Das Kleinkind geht nicht planvoll vor, sondern versucht sein Bedürfnis zu befriedigen – die Menschen um sich herum zu verstehen und sich ihnen mitzuteilen. Indem es dies tut, lernt und übt es das Sprechen.
  Auch im Erwachsenenalter ist beiläufiges Lernen sehr wichtig. Kontinuierlich und dennoch ungeplant lernt jeder Mensch im Kontext der privaten sowie beruflichen Alltagsbewältigung.
- *Absichtliches Lernen* ist auf ein bestimmtes Lernziel ausgerichtet, also bewusst entworfen und über Lernerfolg kontrolliert. Ein Beispiel stellt das schulische Lernen dar, bei dem ein bestimmter Lernerfolg erzielt werden soll. Deshalb sind die einzelnen aufeinanderfolgenden Lernschritte programmatisch auf das Erreichen dieses Lernzieles zugeschnitten.

Alle kurz oder länger überdauernden Erlebens-, Denk- und Verhaltensveränderungen des Individuums haben mit Lernprozessen zu tun. Sie beruhen auf Erfahrung, Beobachtung und Übung, können (aber müssen nicht immer) mit einer Leistung verbunden sein und kommen sowohl absichtlich als auch beiläufig zustande. Durch Lernprozesse wird nicht nur neues Verhalten eingeübt, sondern auch bereits vorhandenes Verhaltensrepertoire verändert.

Physiologisch gesehen vollzieht sich das Lernen als *Ausbildung, Stärkung oder auch Löschung von neuralen Verbindungen* im zentralen Nervensystem. Diese Prozesse sind der direkten Beobachtung nicht zugänglich. Folglich offenbart sich das Lernen vor allem über die Ergebnisse, d. h. indirekt – durch beobachtbare Änderungen in Verhalten, Fähigkeiten, Fertigkeiten usw.

Psychologische Theorien, die sich mit Lernprozessen befassen, werden als Lerntheorien bezeichnet. Als wissenschaftlicher Hintergrund dieser Ansätze lässt sich der *Behaviorismus* betrachten – eine Forschungsausrichtung der amerikanischen Psychologie, in der experimentell das beobachtbare Verhalten (Reaktionen) im Kontext diverser Faktorenwirkungen (Reize) untersucht wird.

Die Lernpsychologie beschreibt im Wesentlichen drei Formen des Lernens: die klassische Konditionierung, die operante Konditionierung und das von A. Bandura dargestellte soziale Lernen, genannt auch Lernen am Modell oder Imitationslernen (vgl. Bandura 1979).

Die soziale Lerntheorie stellt eine Schnittstelle zwischen Lernpsychologie und Entwicklungspsychologie dar. A. Bandura ging davon aus, dass die Entwicklung des Individuums maßgeblich vom Prozess des sozialen Lernens mitbestimmt wird – Nachahmung/Imitation von sozialen Modellen, gekoppelt mit Verstärkung/Belohnung, unterstützt mannigfaltige Entwicklungen. Beginnend mit Mobilität, über Sprache, Geschlechtsrollen, Einstellungen usw. bis hin zu diversen Verhaltensformen wie engagierter Unterstützung anderer oder aber auch Aggressivität/Gewalt: Alle diese Fähigkeiten, Fertigkeiten, Verhaltensweisen und Handlungen erlernt das Individuum unter dem Einfluss seiner sozialen Umgebung.

Albert Bandura (geb. 1925)

Das soziale Lernen bezieht sich vorrangig auf die Prozesse der Aneignung sozialer Verhaltensweisen. Hierfür werden von A. Bandura folgende zwei Annahmen als grundlegend betrachtet:

- Der Mensch ist ein aktiv Lernender, der sich bewusst mit seiner Umwelt auseinandersetzt, wodurch ein Lernprozess aus Wechselwirkung von Person und Umwelt entsteht (soziale Komponente).
- Der Mensch plant nicht nur seine Handlung, sondern er ist auch fähig diese zu reflektieren und sich selbst zu motivieren (kognitive Komponente).

Das Lernen am Modell stellt also einen kognitiven Lernprozess dar. Durch Wahrnehmung des Verhaltens anderer Personen sowie die sich aus diesem Verhalten ergebenden Konsequenzen eignet sich das Individuum neue Verhaltensweisen an bzw. verändert seine bestehenden Verhaltensmuster. Hierfür hat Bandura folgende vier Thesen formuliert:

- Das imitativ erlernte Verhalten wird nicht zwangsläufig sofort gezeigt.
- Das imitativ erlernte Verhalten kann in späteren – vollkommen unterschiedlichen – Kontexten ausgeführt werden.

- Das Verhalten muss nicht gesehen werden, um imitiert zu werden – es reicht auch eine Beschreibung.
- Das imitativ erlernte Verhalten kann auch auf andere Bereiche übertragen werden.

Bandura ging davon aus, dass menschliches Verhalten nicht allein durch behavioristische Reiz-Reaktions-Zusammenhänge zu erklären ist. Er beschäftigte sich mit der Frage, wie Verhaltensweisen speziell im sozialen und sprachlichen Bereich erworben werden. Durch das Lernen am Modell ist der Mensch in der Lage, sich auch komplexe soziale Handlungen anzueignen. Als Modell kann sowohl eine konkrete Person als auch beispielsweise ein Buch oder eine Person in einem Film dienen. Solche Nachahmung kann folgende Lerneffekte haben:

- Modellierender Effekt: Wird in einer bestimmten Situation eine neue Verhaltensweise beobachtet und erlernt, besteht die Tendenz, sie in einer adäquaten Situation abzurufen.
- Enthemmender/hemmender Effekt: Wirkt eine Verhaltensweise des Modells positiv (trägt zur Erreichung des Ziels bei), so sinkt die Hemmschwelle, dieses Verhalten nachzuahmen. Das Ausbleiben der Zielerreichung lässt die Hemmschwelle zur Nachahmung des »erfolglosen« Verhaltens steigen (besonders dann, wenn das Modell für sein Verhalten bestraft wird).
- Auslösender Effekt: Beobachtet ein Mensch in bestimmter Situation, wie andere Personen sich verhalten, kann das bei ihm eine in seinem Verhaltensrepertoire bereits vorhandene Verhaltensweise auslösen.

Das Beobachten eines Modells kann dazu führen, dass neue Verhaltensweisen erlernt werden, dass die Hemmschwelle für bereits vorhandene Verhaltensweisen steigt oder sinkt oder dass bestehendes Verhalten ausgelöst wird. Damit eine Person als Modell angenommen wird, muss sie bestimmte Charakteristika haben, die sie für den Beobachter (subjektiv!) als »zur Nachahmung geeignet« erscheinen lässt. Das kann Beziehung sein oder Macht, Status, Position, bestimmte Eigenschaften (physisch, kognitiv, emotional, sozial), Aussehen, Outfit u. ä. sowie die Kombination dieser Merkmale.

Bemerkung:
Das imitativ erlernte Verhalten wird nur dann von dem Individuum ausgeführt, wenn es ihm als sinnvoll (= erfolgversprechend) erscheint. Die an das Verhalten geknüpften Erwartungen sind also für die Ausführung ausschlaggebend.

Banduras Menschenbild

Lernen wird in der sozial-kognitiven Theorie als ein aktiver, kognitiv gesteuerter Verarbeitungsprozess von Beobachtungen, Ereignissen, Erfahrungen und dergleichen verstanden. Der Mensch symbolisiert (= benennt) und legt sie als Symbole in seinem Gedächtnis ab, um sie nach Bedarf zu aktivieren. Kognitive Vorgänge bestimmen also mit darüber, welche Ereignisse/Beobachtungen/Erfahrungen wie bewertet und genutzt werden. Demnach spielen kognitive Prozesse eine besondere Rolle für den Neuerwerb und die Änderung menschlichen Verhaltens – ein Lernen ohne ein Mitwirken geistiger Vorgänge ist für Bandura unvorstellbar.

Der lernende Mensch ist ein handelndes Wesen und besitzt ein hohes Maß an Selbststeuerung, indem er ...

- bewusst und planmäßig bestimmte Ziele verfolgt
- motiviert ist, Dinge zu erlernen, die er zur Realisierung seiner Ziele benötigt, und
- sich selbst steuern/sein eigenes Verhalten ändern kann, wenn er es will.

Die zielgerichtete Selbststeuerung beeinflusst die Umwelt. Diese wirkt ihrerseits auf den Menschen zurück. Daraus ergibt sich eine fortdauernde gegenseitige Beeinflussung und Wechselbeziehung von Person und Umwelt, die als Grundlage des Lernens zu betrachten ist. Demnach ist der Mensch ein (lebenslang) lernendes Wesen. Die Lernprozesse lassen sich allein mit der Reiz-Reaktionstheorie nicht erklären, weil das Lernen immer auch im sozialen Kontext vollzogen wird:

- Der Mensch ist ständig von Personen umgeben, die unterschiedlich sprechen und handeln.
- Er beobachtet sie dabei und erlebt, was die Anderen mit bestimmtem Verhalten in bestimmten Situationen bei bestimmten Personen/Lebewesen/Objekten bewirken bzw. erreichen.
- Im Geiste übt er das beobachtete Verhalten ein und später – bei passenden Anlässen – erinnert er sich an dieses Verhalten und ahmt es nach.

Bandura spricht auch vom Beobachtungslernen – der Mensch lernt vor allem durch das Beobachten und Nachahmen anderer Menschen, die ihm als Modelle für geeignetes beziehungsweise akzeptables Verhalten dienen. Wichtig ist hierbei die Tatsache, dass nicht nur das beobachtbare Verhalten, sondern auch die mit ihm zusammenhängenden Einstellungen, Gefühle und Meinungen wahrgenommen und nachgeahmt werden.

Entscheidend für die Nachahmung eines Modells ist, inwieweit sich die lernende Person mit dem Modell identifizieren kann. Auch das soziale Umfeld von Kindern beeinflusst das Erlernen von Verhaltensmustern. Deshalb überrascht es nicht, dass z. B. Menschen, die in einer Umgebung mit hoher Kriminalitätsrate leben, öfter gewalttätig werden als Menschen, die in einem sicheren Umfeld leben (vgl. Benson 2012, 290 f.).

Um erfolgreich ein bestimmtes Verhalten von einem Modell nachzuahmen, müssen vier Grundvoraussetzungen erfüllt sein:

- Aufmerksamkeit – dem Verhalten des Anderen Aufmerksamkeit schenken
- Behalten – sich an das erinnern, was man gesehen oder gehört hat
- Wiederholung – körperlich zur Nachahmung in der Lage sein
- Motivation – einen guten Grund für die Wiederholung haben (z. B. Aussicht auf Belohnung).

Das nächste Merkmal des Menschen ist laut Bandura die Ausstattung mit der (individuell unterschiedlich stark ausgeprägten) *Selbstwirksamkeit* (self-efficacy). Sie stellt eine Überzeugung des Individuums dar, auch schwierige Situationen und Herausforderungen aus eigener Kraft erfolgreich bewältigen zu können.

Diese Überzeugung erwächst aus der persönlichen Einschätzung eigener Fähigkeiten/Kompetenzen, allgemein mit Schwierigkeiten und Barrieren im täglichen Leben zurechtzukommen. Sie bestimmt, wie ein Mensch sich in einer konkreten Situation fühlt, wie er denkt und auch handelt.

Somit beeinflusst die Selbstwirksamkeit die Wahrnehmung und Leistung: Menschen, die an ihre eigene Kraft glauben, sind i. d. R. ausdauernder bei der Bewältigung von Aufgaben (sowohl alltäglichen wie auch neuen oder schwierigen) als Menschen, die an ihren Fähigkeiten und Kompetenzen zweifeln. Wichtige Quellen der Selbstwirksamkeit sind (vgl. Stangl 2019b):

- Eigene Erfahrungen
  Sie tragen wesentlich zur Ausbildung der Selbstwirksamkeit bei. Zu erfahren/erleben, dass man durch eigene Anstrengungen ein Ziel erreicht hat, stärkt die Überzeugung, auch in der Zukunft schwierige Aufgaben bewältigen zu können. Eine wesentliche Rolle spielt dabei die Erforderlichkeit, sich anstrengen zu müssen – vor allem dadurch lernt der Mensch an sich und eigene Wirksamkeit zu glauben.
  Führt allerdings das Verhalten/Handeln trotz Anstrengung nicht zum Erfolg, kann sich die Gewissheit, etwas bewirken zu können, nicht herausbil-

den. Bei wiederholten Misserfolgen, vor allem dann, wenn die Ursachen dafür der eigenen Person zugeschrieben werden, entstehen oft Selbstzweifel.
- Modelllernen
Die Beobachtung von Personen, die einem selbst wichtig oder ähnlich sind und die durch eigene Anstrengung eine schwierige Aufgabe bewältigen, kann die Überzeugung »Ich kann es auch schaffen!« durchaus stärken. Das ist der Fall vor allem dann, wenn der beobachtende Mensch dem Vorbild/Modell ähnliche Fähigkeiten/Kompetenzen zuschreibt wie sich selbst, und besonders dann, wenn die Modellperson für ihren Handlungserfolg materiell/ideell/sozial belohnt wird.

> **Exkurs zur Heilpädagogik**
> Das heilpädagogische Handeln kann von der Theorie des Lernens am Modell beispielsweise folgende Erkenntnis nutzen: Die Fachpersonen dienen den zu unterstützenden Menschen als Lernmodelle – ob sie es wollen oder nicht. Sie besitzen eine besondere Wichtigkeit, verfügen über die persönliche Macht eines reiferen und nicht behinderten Menschen, sie verwenden ihre Wissensmacht, sind ein Teil der institutionellen Macht, erfüllen eine wichtige Funktion als Bezugs- und Beziehungsperson usw.
>
> Deshalb ist ihr Verhalten in der Interaktion und Kommunikation mit dem zu unterstützenden Menschen immer bedeutungsvoll und folglich nachahmungswürdig. Aus dieser Tatsache ergibt sich die besondere Verantwortung der Fachperson für ihr eigenes Verhalten und Handeln im Kontakt mit jeder einzelnen Person im Berufsalltag.

Hierzu ein Beispiel aus der Erfahrung des Autors:

Teamgespräch in einer Wohngruppe für Menschen mit geistiger Behinderung: Es wird der übermäßige Konsum von Kaffee und das Rauchen bei den Bewohnern und Bewohnerinnen beklagt. Die Versuche zur Reduzierung dieses ungesunden Verhaltens haben sich als unwirksam erwiesen. Die Teammitglieder sind ratlos.

Während des 90-minütigen Teamgesprächs werden vier Thermoskannen Kaffee getrunken und drei Raucherpausen eingelegt ...

Nach einer Beratung zu diesem Thema und Aufklärung über die mögliche Vorbildwirkung des eigenen Verhaltens beschließt das Team, zwei Monate lang im Dienst den Kaffee durch eine Tasse Tee oder Kakao zu ersetzen, nur höchstens drei Zigaretten zu rauchen und mit den Bewohnerinnen und Bewohnern über den »Gesünder-leben-Beschluss« zu reden.

Dieses Experiment hat den Teammitgliedern sehr viel Selbststeuerungskraft und Durchhaltevermögen abverlangt. Sie haben den temporären Koffein- und Nikotinentzug ausgehalten und waren nach einer Bestandsaufnahme des Kaffee- und Zigarettenkonsums bei den Bewohnern und Bewohnerinnen erstaunt. Diese zeigte nämlich eine spürbare Verringerung des Konsums.

Daraufhin beschlossen die Teammitglieder, in der Zukunft im Dienst bei einer Mischung aus Kaffee, Kakao und Tee zu bleiben und das Rauchen zu begrenzen. (Ob sie das auf Dauer durchgehalten haben, sei dahingestellt, wichtig ist, dass sie es sich so vorgenommen haben.)

Fazit: Der beklagte übermäßige Kaffee- und Zigarettenkonsum bei den Bewohnerinnen und Bewohnern der Wohngruppe lässt sich durchaus auf die Nachahmung des Verhaltens der Teammitglieder zurückführen. Der Beschluss über die Fortsetzung der »Konsumselbsteinschränkung« lässt sich mit deren Selbstwirksamkeitserfahrung (»Ich kann das!«) in Verbindung bringen.

Relevanz für die personzentrierte Arbeitsweise

Von wesentlicher Bedeutung sind folgende Erkenntnisse darüber, wie ein Mensch laut A. Bandura »funktioniert«:

Banduras Erkenntnisse über das soziale Lernen belegen die Bedeutung von Modellen für das Verhalten von Menschen. Dieses Lernen funktioniert dann besonders gut, wenn eine positive emotionale Beziehung zwischen dem Modell und dem lernenden Individuum besteht. Das Vorbild kann sowohl positive wie negative Verhaltensweisen zeigen:

- Modelle oder Vorbilder, die vermehrt ein prosoziales Verhalten zeigen, können andere Menschen motivieren, dieses hilfsbereite, konstruktive Verhalten nachzuahmen.
- Selbstverständlich können auch negative Vorbilder zum Nachahmen des destruktiven Verhaltens führen.

Dabei gilt: Ob positiv oder negativ – eine beobachtete Verstärkung bei nachgeahmten Verhalten (Erfolg/Zielerreichung) führt schneller zum Lernerfolg.

Aus dem Blickwinkel des Personzentrierten Arbeitens erscheinen folgende Aspekte der Theorie des sozialen Lernens als relevant:

- Die Fachperson als VIP hat meistens die Modellwirksamkeit inne, was die Wahrscheinlichkeit der Nachahmung ihres Verhaltens seitens des zu un-

terstützenden Menschen erhöht. Also ist sie zu einem bewussten Umgang mit eigener Modellwirkung geradezu verpflichtet.
- Das Eingehen auf herausforderndes Verhalten – welche Form auch immer es hat – ist besser möglich, wenn die Fachperson neben anderen möglichen Hintergrundfaktoren auch den Lernprozess »erforscht«, der dieses Verhalten zum Handlungsrepertoire des Gegenübers hinzugefügt hat.
- Neben dem »Verhaltensursprung« (wessen Verhalten wurde wann nachgeahnt) ist es auch wichtig, die verstärkenden Faktoren in alltäglichen Interaktionen zu erkennen: Führt das Verhalten zum ersehnten Erfolg und entsprechen die Reaktionen anderer Personen der Erwartung? Daraus ergeben sich Hinweise auf Vorbilder und eventuelle Mitbeteiligung der Selbstwirksamkeit.

   Für diesbezügliche Orientierung in der Verhaltens-/Handlungsweise des zu unterstützenden Menschen ist es hilfreich, Antworten auf folgende Fragen zu suchen:
   - Welches Verhalten gibt dir das Gefühl, etwas zu bewirken?
   - In welchen Situationen fängst du an, dich so zu verhalten?
   - Von wem hast du dieses Verhalten übernommen?
- Mit den Ergebnissen dieser Kontexterforschung des herausfordernden Verhaltens können dann Vorgänge zum Umlernen überlegt und praktiziert werden:
   - beginnend mit einer Reaktion, die das Ausbleiben der erwarteten Wirkung zu Folge hat,
   - über die Verhinderung der »Startreize« des herausfordernden Verhaltens (sog. Trigger) in laufender Interaktion,
   - bis hin zum Vorleben/Vormachen einer akzeptablen Verhaltensalternative, möglichst verbunden mit beobachtbarer Verstärkung (Erfolg/Zielerreichung).

Erforscht die Fachperson auf diese Art und Weise das Verhalten des Gegenübers, betreibt sie eine personalisierte Anwendung des Theoriewissens. Darin liegt das Wesen des Personzentrierten Arbeitens – nicht das Theoriewissen dem zu unterstützenden Menschen zu überstülpen, sondern mit Hilfe der Theorie nach seinem individuellen/persönlichen/subjektlogischen Verhaltenskontext zu suchen. Werden dann die Erkenntnisse aus dieser Suche in der Interaktion und Kommunikation mit ihm berücksichtigt, kann das Handeln der Fachperson als personzentrierte Arbeitsweise betrachtet werden.

1 Personzentriertheit und Personzentriertes Arbeiten: Was ist das?

Kleiner Wissenscheck zum sozialen Lernen nach A. Bandura
- Was unterscheidet das beiläufige vom absichtlichen Lernen?
- Welche drei Formen des Lernens erforscht die Lernpsychologie?
- Wie ist das soziale Lernen zu verstehen? Welche Merkmale charakterisieren es?
- Was alles kann als Modell zur Nachahmung dienen?
- Selbstwirksamkeit? Was ist das?
- Welche Quellen hat die Selbstwirksamkeit?
- Welche Verantwortung im Berufsalltag hat die Fachperson hinsichtlich des sozialen Lernens?

1.6 Ein wichtiges Anliegen personzentrierter Arbeitsweise: Das Wohlbefinden

Die hier dargestellten theoretischen Grundlagen des Personzentrierten Arbeitens kommen aus dem Feld der psychologischen Forschung, die auch einen unverkennbaren Bezug zur Psychotherapie hat.

Diese Tatsache könnte den Eindruck entstehen lassen, dass es beim Personzentrierten Arbeiten um eine Art therapeutischer Wirkung geht. Das wäre allerdings eine grundlegend falsche Schlussfolgerung. Denn die Fachpersonen im bunten Geflecht sozialer Berufe haben zwar mannigfaltige Aufgaben zu erledigen – erziehen, unterrichten, fördern, beraten, beistehen, begleiten, unterstützen, überwinden, pflegen usw. –, aber die Durchführung von Psychotherapie gehört nicht dazu (es sei denn, sie haben sich entsprechend qualifiziert und arbeiten im therapeutischen Setting).

Da kann man sich fragen, wozu das Personzentrierte Arbeiten gut sein soll? Es stützt sich auf psychotherapeutisch relevante Erkenntnisse der Psychologie, ist aber nicht als Therapieansatz zu verstehen? Um Missverständnissen vorzubeugen, wird hier noch einmal eine Klarheit in Bezug auf den Sinn dieser Arbeitsweise geschaffen:

Nicht das Heilen von Störungen oder die Beseitigung von Problemen, sondern die Gestaltung einer Atmosphäre der Sicherheit, des Vertrauens, des Verstehens und der Annahme in der Interaktion/Kommunikation und das in dieser Atmosphäre entstehende Wohlbefinden des zu unterstützenden Menschen sind die Grundanliegen des Personzentrierten Arbeitens.

1.6 Ein wichtiges Anliegen personzentrierter Arbeitsweise: Das Wohlbefinden

In diesem Sinne ist die Förderung des Wohlbefindens als eine Art Katalysator für die Erledigung der o. g. Aufgaben zu verstehen: Fühlt das Gegenüber sich im Kontakt mit der Fachperson sicher, von ihr verstanden und angenommen, dann fühlt es sich auch wohl und ist eher bereit, an der Aufgabenerledigung mitzuwirken.

Bemerkung:
Diese »Katalysator-Wirkung« ist eine »theoriegewordene klinische Erfahrung« vieler Fachpersonen, die vom Autor hinsichtlich der Erfahrung mit dem von ihnen praktizierten Personzentrierten Arbeiten befragt wurden.

Wohlbefinden

Der Begriff »Wohlbefinden« wird nicht einheitlich definiert. Als Wohlbefinden werden z. B. Glück, Freude, Zufriedenheit, Sinnerfülltheit, Lebenszufriedenheit, Lebensqualität und der Zustand seelischer Gesundheit verstanden. Als gemeinsamer Nenner lässt sich ein Zustand betrachten, der durch positive Affekte und Zufriedenheit im Kontext von erfolgreicher Anpassung an oder eine günstige Bewältigung von Lebensanforderungen charakterisiert ist. Auch all das, was der Mensch in alltäglichen Situationen an persönlichen Eigenschaften und Fähigkeiten (innere Faktoren) sowie situativen Gegebenheiten (äußere Faktoren) wertschätzt und als hilfreich erlebt, trägt zu seinem Wohlbefinden bei, wobei die inneren Faktoren mehr das subjektive Wohlbefinden bedingen als die äußeren (vgl. Argyle 1999).

Wann fühlen Menschen sich wohl, wann sind sie zufrieden? Von unterschiedlichen Blickwinkeln her betrachtet lässt sich das Wohlbefinden z. B. als Eigenschaft, Zustand oder Prozess beschreiben. Es gibt mehrere Formen des Wohlbefindens. Sie unterscheiden sich zwar voneinander, aber überschneiden und bedingen sich gegenseitig auch. Grob aufgeteilt lassen sich folgende Arten des Wohlbefindens beschreiben:

- *aktuelles* (das momentane positive Erleben) und sog. *habituelles* (Lebenssinn, Zustand der Lebenszufriedenheit) Wohlbefinden
- *körperliches* (positive körperliche Empfindungen, Freisein von körperlichen Beschwerden ...) und *psychisches* (positive Gefühle wie Freude, Glück, Beschwerdefreiheit ...) Wohlbefinden
- *affektives* (Glück, gehobene Stimmung, Interesse, Neugierde ...) und *soziales* (Erleben von Integriert-Sein, Akzeptiert-Sein, Geborgenheit, Dazugehören, Gebrauchtwerden ...) Wohlbefinden.

1 Personzentriertheit und Personzentriertes Arbeiten: Was ist das?

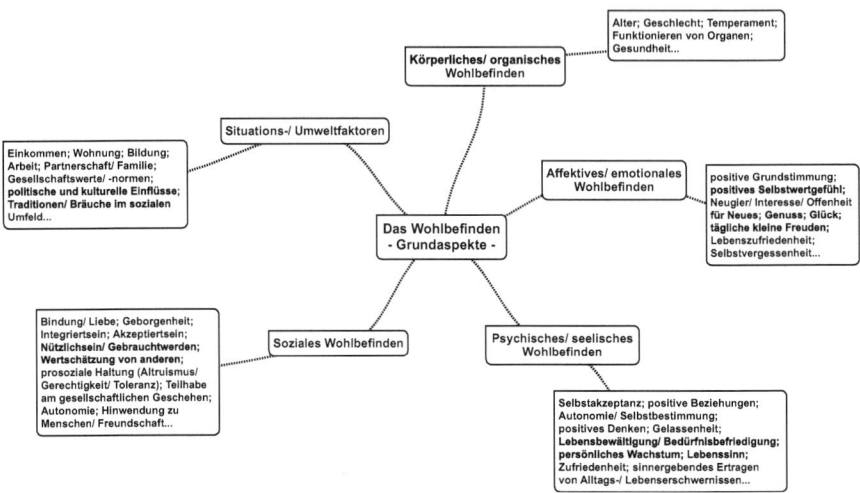

Abb. 3: Grundaspekte des Wohlbefindens (erarbeitet aus: Frank 2011)

Durch Personzentriertes Arbeiten wird vor allem das aktuelle Wohlbefinden gefördert, wobei zu diesem Zweck sowohl die körperliche, psychische, affektive wie auch soziale Form angesprochen werden. Diese Feststellung basiert auf der Tatsache, dass die personzentrierte Interaktion und Kommunikation im Hier und Jetzt verläuft und vor allem das aktuelle Befinden beteiligter Personen beeinflusst.

Sollte sich vor dem Hintergrund des sich wiederholenden aktuellen Wohlbefindens bei dem zu unterstützenden Menschen das habituelle Wohlbefinden einstellen, kann sich die Fachperson mit ihrem Gegenüber selbstverständlich freuen. Das wäre ein wichtiger und schöner Nebeneffekt, ist jedoch nicht als Hauptanliegen des Personzentrierten Arbeitens zu betrachten.

Lebensqualität

Auf die Frage »Wozu soll das Wohlbefinden gut sein?« lässt sich mit der Feststellung antworten, dass das Wohlbefinden ein Bestandteil der Lebensqualität des Menschen ist.

Den Begriff der Lebensqualität zu definieren und daraus Ziele und Handlungsanregungen für die Soziale Arbeit abzuleiten ist nicht einfach. Es geht nämlich um Werte und Normen, die der Lebensqualität zugrunde liegen und die stets von den Fachpersonen in ihrer praktischen Arbeit mit den zu unterstützenden Menschen zu berücksichtigen sind.

1.6 Ein wichtiges Anliegen personzentrierter Arbeitsweise: Das Wohlbefinden

Über die Lebensqualität sind diverse Meinungen zu finden, was das komplizierte Wesen dieses Begriffs widerspiegelt. Am einfachsten scheint es, die Lebensqualität in Anlehnung an messbare Merkmale zu definieren, wie z. B. das verfügbare Einkommen und materielle Gegebenheiten wie Wohnung, Nahrung, Kleidung, Gesundheitspflege, Bücher, Theater, eine freundliche menschliche Umgebung usw. Aus diesem Blickwinkel wird die Lebenslage von Menschen vor allem von der Politik betrachtet. Bei den sozialpolitischen Überlegungen, wie den Bürgern und Bürgerinnen angemessene Lebensqualität gewährleistet werden kann, wird häufig der Begriff »Lebensstandard« als Maßstab für die Lebensqualität verwendet.

Der materielle Wohlstand offenbart die wirtschaftliche Denkweise, die dazu tendiert, mit der primär materiellen Verbesserung und Sicherung der genannten Lebensstandards sozusagen automatisch die Frage nach Lebensqualität zu beantworten und zu lösen.

Was dabei vergessen und folglich kaum berücksichtigt wird, ist die Tatsache, dass menschliches Wohlbefinden sich auch über andere Existenzformen erstreckt. Es besteht nämlich neben dem materiellen Wohlbefinden auch ein »immaterielles« körperlich-organisches, affektiv-emotionales, psychisch-seelisches und soziales Wohlbefinden. Ebenso gehört dazu ein Wohlbefinden, welches durch das Erleben von Entwicklung und Aktivität entsteht. Gerade diese Bereiche des Wohlbefindens werden vom Personzentrierten Arbeiten angesprochen und gefördert.

Eine tabellarische Übersicht der mannigfaltigen Aspekte alltäglicher Lebensqualität ist in der folgenden Tabelle (▶ Tab. 1) zu finden. Wichtig bei der Betrachtung der fünf Bereiche ist die Tatsache, dass man sie nicht streng voneinander trennen darf. Sie überschneiden sich zum Teil und ergänzen sowie bedingen sich gegenseitig – je nach dem Einzelfall. Die Übersicht soll die Komplexität des Begriffs Lebensqualität veranschaulichen.

Hier ist hoffentlich klar, dass die Fachperson dann personzentriert arbeitet, wenn sie diese Aspekte bei jedem konkreten Gegenüber »erforscht« und anhand der Ergebnisse (die ja von Person zu Person unterschiedlich sein können und auch sind) ihr unterstützendes Handeln sozusagen personbezogen konzipiert.

Ein Problem der Förderung von Lebensqualität besteht darin, dass es keinen einzigen allgemeingültigen Indikator für ihre Messung gibt. Ein solches »Messinstrument« wird es wohl nie geben, weil jeder Mensch mit seinem subjektiven Erleben der Realität auch eine eigene Vorstellung von Lebensqualität und von einem sinnerfüllten Leben besitzt. »Menschliche Lebensqualität lässt sich (vor dem Hintergrund des subjektivistischen Verständnisses) nur aus der sinnerfüllten eigenen Identität in Kommunikation und Dialog mit anderen erreichen« (Arntz 1996, 72).

1 Personzentriertheit und Personzentriertes Arbeiten: Was ist das?

Tab. 1: Übersicht zu Aspekten alltäglicher Lebensqualität (erarbeitet nach Felce & Perry 1995 und Portera 1999, in: Bloemers et al. 1998)

Organismischer Aspekt	Materieller Aspekt	Sozialer Aspekt	Emotionaler Aspekt	Aktivitätsaspekt
Diesbezügliches Wohlbefinden hängt ab von:	Diesbezügliches Wohlbefinden hängt ab von:	Diesbezügliches Wohlbefinden hängt ab von:	Diesbezügliches Wohlbefinden hängt ab von:	Diesbezügliches Wohlbefinden hängt ab von:
• Gesundheit • körperlicher Unversehrtheit • Energie und Kraft • Funktionieren von Organen • Beweglichkeit	• Einkommen, Geld • Wohnqualität • Privatsphäre • Eigentum • Ernährung • Kleidung • Mobilität	• Beziehungen • Liebe/Partnerschaft • Familie, Verwandte • Freunde, soziales Umfeld • Gemeinschaftsaktivitäten • Akzeptanz & Unterstützung durch andere • Nachbarschaft	• positiven Emotionen • Erfüllt-Sein, Selbstverwirklichung • mentaler Gesundheit • Selbstachtung, Kongruenz • erlebtem Respekt • Vertrauen, Glaube • Sexualität	• Fähigkeiten, Fertigkeiten • Unabhängigkeit • Wahl- und Kontrollmöglichkeiten • Produktivität • Arbeit und Beruf • Tun und Mitwirken • Hobbies, Freizeit
Konkret geht es um existentielle Lebensfunktionen: • Stoffwechsel • Ruhe • Anregung • Schlaf • Körperwärme • Energiezufuhr usw.	Konkret geht es darum, • genug Mittel zu haben, um die Grund- und Wachstumsbedürfnisse befriedigen zu können (materielle Sicherheit)	Konkret geht es um das Vorhandensein von: • Zugehörigkeit • Bindung • Bezugspersonen • Sicherheit, Geborgenheit • Beachtung durch andere • Selbstbestimmung usw.	Konkret geht es um affektives Erleben von: • Urvertrauen • Liebe, Zuwendung • Wertschätzung • Anerkennung • Selbstvertrauen • Freude usw.	Konkret geht es um Handlungs-/Beteiligungsvariablen: • Initiative • Partizipation • Einfluss nehmen/haben • Autonomie • Selbstwirksamkeit usw.

1.6 Ein wichtiges Anliegen personzentrierter Arbeitsweise: Das Wohlbefinden

Demnach ist das subjektive Erleben der eigenen Identität (und damit auch der Lebensqualität) ein unabdingbarer Bestandteil des Personseins und als solches auf Kommunikationsfähigkeit und Interaktion im Kontakt mit der Umwelt angewiesen. Also auf das, was als Handlungsfundament des Personzentrierten Arbeitens zu betrachten ist: die im Hier und Jetzt verlaufende Kommunikation/Interaktion zwischen der Fachperson und ihrem Gegenüber. Das dabei entstehende Wohlbefinden lässt die zu unterstützende Person eine momentane, zeitbegrenzte und flüchtige »Qualität des Augenblicks« erleben, die eine einmalige ist und folglich als »Erlebensqualität« bezeichnet werden kann.

> **Exkurs zur Heilpädagogik**
>
> Pädagogen im Allgemeinen und Heilpädagogen im Besonderen sind in ihrer Wirkung auf die Beziehung zwischen ihnen und dem zu unterstützenden Menschen angewiesen. Die Beziehungsarbeit gelingt besser, wenn der/die heilpädagogisch Tätige das Gegenüber wertschätzt, seine persönliche Lebensgeschichte, seine Erfahrungen, Potentiale, Entwicklungsmöglichkeiten und -grenzen, seine Bedürfnisse, Wünsche usw. beachtet und dadurch seine Identität respektiert (d. h. sein Personsein).
>
> Diese Art der Zuwendung zur ganzen Person entspricht dem Verlangen eines jeden Menschen, in seiner Einzigartigkeit geachtet und ernst genommen zu werden, und ist als solche einer positiven Beziehung zuträglich. Und nicht nur das: Das Erleben des Bestätigt-Sein als Person – in welchem Ausmaß auch immer eine körperliche oder seelische Beeinträchtigung besteht – kann das subjektive Wohlbefinden und damit auch die o. g. »immaterielle« Lebensqualität steigern.
>
> Gerade Menschen mit schweren geistigen Behinderungen wirken auf die Fachpersonen aufgrund ihrer eingeschränkten Kommunikation oft unverständlich und scheinen sich auch mit »unvernünftigen« herausfordernden Verhaltensweisen auszudrücken. Ihnen würde ihr Personsein abgesprochen, wenn ihnen nicht mit Respekt, Anerkennung und Vertrauen in ihre eigenen Fähigkeiten und Ausdrucksmöglichkeiten begegnet wird. Immer dann beschneidet die Fachperson auch die Lebensqualität des zu unterstützenden Menschen, wenn sie seine Bedürfnisse nach Identität, Beachtung, primärer Beziehung, Beschäftigung, Einbeziehung, Beistand und Trost ignoriert (vgl. Ondracek 2002, 67 f.).

Wenn die heilpädagogisch Tätigen den zu unterstützenden geistig behinderten Menschen auf die personzentrierte Art Kommunikations- und Interaktionsangebote machen, ist die Wahrscheinlichkeit groß, dass diese sich in dem gerade verlaufenden Kommunikations-/Interaktionsprozess als wertvoll erleben und in ihrem Personsein bestätigt fühlen. Ihr Bedürfnis nach Kontakt und Kommunikation mit der sozialen Umwelt kann befriedigt werden, was bekanntlich ein wichtiges Fundament des subjektiven Wohlbefindens und der Zufriedenheit ist.

Zusammenfassend lässt sich zum Thema Personzentriertes Arbeiten und Lebensqualität Folgendes festhalten: Wann immer auch es die Fachperson schafft, in der Interaktion und Kommunikation mit ihrem Gegenüber

- eine sichere Atmosphäre zu erzeugen (Sicherheit vor Bewertung als Person),
- die Befriedigung seiner Bedürfnisse zu unterstützen, sowie
- sein subjektlogisch bedingtes Empfinden, Denken und Verhalten zu begreifen und als unverwechselbare Art des Seins zu akzeptieren,

bestätigt sie dadurch seine Identität als Person. Dann fühlt sich das Gegenüber wohl und kann (zumindest temporär) eine »immaterielle« sozial bedingte Lebensqualität erleben. Sind die o. g. Wirkungsmerkmale spürbar (objektiv messen lassen sie sich ja nicht), arbeitet die Fachperson personzentriert.

Relevanz für die personzentrierte Arbeitsweise

Es gibt mehrere Aspekte der Lebensqualität. Geläufig wird sie vor allem an materiellen Lebensbedingungen gemessen, was sicherlich nicht verkehrt ist. Nur darf es nicht bei diesem einen Blickwinkel bleiben. Wer nach dem Wesen von Lebensqualität sucht, muss auch andere Aspekte betrachten, die der Komplexität der menschlichen Existenz entsprechen. Die wesentlichen fünf Bereiche sind: organismisch, materiell, sozial, emotional und Aktivität (▸ Tab. 1).

Um gezielt die Lebensqualität des Gegenübers zu unterstützen, muss also die Fachperson sozusagen um ihn herumgehen und seine individuelle Lage in den einzelnen Bereichen »untersuchen«. Dies passiert nicht allein durch Beobachtung oder Aktenstudium (obwohl auch das dazu gehört), sondern vor allem im direkten kommunikativen und interaktiven Kontakt, der für das Personzentrierte Arbeiten charakteristisch ist.

Das Personzentrierte Arbeiten ist keine Psychotherapie und keine Technik, mit der es möglich ist, den zu unterstützenden Menschen zu verändern. Vielmehr besteht die Hauptwirkung der personzentrierten Kommunikation/Interaktion in der Schaffung einer Atmosphäre, in der sich das Gegenüber in Anwesenheit der Fachperson wohl (oder zumindest ein Stückchen wohler) fühlt. Durch das Erleben möglichst vieler solcher situativen Wohlfühlmomente wird seine Lebensqualität insgesamt gefördert. Dann ist es auch gut möglich, dass der zu unterstützende Mensch – trotz mancher Belastung, die sich aus seiner Beeinträchtigung ergibt – zufriedener, gelassener, kooperativer usw. die alltäglichen Angelegenheiten erledigen kann.

Das ist die »indirekte Wirkung« personzentrierter Arbeitsweise: Durch Gestaltung einer kommunikativ-interaktiven Atmosphäre das Gegenüber eine Reihe von situativen Wohlfühlmomenten erleben lassen, dadurch seine Lebensqualität (die eigentlich als Erlebensqualität bezeichnet werden kann) fördern, und dadurch ihm dann auch positiv ausgerichtetes Erleben und Verhalten ermöglichen.

Wenn die Fachperson von einem Bekannten gefragt würde, was sie denn konkret mit der Personzentriertheit bezweckt, könnte sie ihn wie folgt aufklären:

»Mein Anliegen ist vor allem ein ›klimatisches‹ – ich schaffe eine Atmosphäre, in der sich der zu unterstützende Mensch von mir verstanden, angenommen, unterstützt und folglich wohlfühlt. Je öfter das gelingt, desto größer ist die Hoffnung, dass wir beide ein zufriedenes, gelassenes und kooperatives Miteinander erleben. Was nicht nur für ihn, sondern auch für mich wichtig ist.«

Kleiner Wissenscheck zu Wohlbefinden und Lebensqualität

- Welche Formen des Wohlbefindens lassen sich unterscheiden/beschreiben?
- Wie unterscheiden sich das aktuelle und das habituelle Wohlbefinden?
- Welche Form des Wohlbefindens wird durch das Personzentrierte Arbeiten unterstützt/gefördert?
- Zu welcher Art der Lebensqualität gehört das vom Personzentrierten Arbeiten geförderte Wohlbefinden?
- Lässt sich die vom Personzentrierten Arbeiten geförderte »Erlebensqualität« objektiv messen?
- Aus welchen fünf Blickwinkeln lässt sich die alltägliche Lebensqualität betrachten und personbezogen »untersuchen«?
- In welchem Sinne trägt das Personzentrierte Arbeiten zur Förderung des Wohlbefindens und der Lebensqualität bei?
- Welche »indirekte Wirkung« kann das personzentrierte Arbeiten haben?

1.7 Rückblick auf die Theorieaspekte

Abschließend zu diesem Kapitel eine kurze Übersicht der hier beschriebenen theoretischen Eckpunkte der personzentrierten Arbeitsweise in sozialen Berufen (bezeichnet als Personzentriertes Arbeiten).

- Zuerst wurden die relevanten Begriffe erörtert und in einen Zusammenhang mit »Personzentriertheit« und »Personzentriertem Arbeiten« gebracht. Die Gemeinsamkeiten und Unterschiede beider Bezeichnungen sind erörtert worden: Personzentriertheit als Einstellung/Haltung im Sinne von Carl Rogers, Personzentriertes Arbeiten als Handlungsansatz in Praxisfeldern sozialer Berufe.
- Im nächsten Schritt wurden die Erkenntnisse ausgewählter psychologischer Schulen über den Menschen (Menschenbilder) und deren Bedeutung/Relevanz für das Personzentrierte Arbeiten erörtert:
  - Aus der Humanistischen Psychologie der personzentrierte Ansatz von Carl Rogers und die Bedürfnistheorie von Abraham Maslow.
  - Aus der Tiefenpsychologie der individualpsychologische Ansatz von Alfred Adler.
  - Aus der Lernpsychologie der Ansatz des sozialen Lernens von Albert Bandura.
- Als nächster und letzter Theorieaspekt wurde dann das Thema Wohlbefinden/Lebensqualität als ein wichtiges Anliegen des Personzentrierten Arbeitens dargestellt.

Die Ausführungen sind zur Veranschaulichung an ausgewählten Stellen durch kleine »Exkurse zur Heilpädagogik« ergänzt worden. Sie sollen auch die Leserinnen und Leser aus weiteren sozialen Berufen dazu anregen, selbst aus ihrer eigenen Erfahrung solche Beispiele/Situationen zu finden, in denen nach dem Vorhandensein bzw. Fehlen von Personzentriertheit und Personzentrierten Arbeiten gesucht werden kann.

Unterstützend zum Lernen aus der Lektüre dieses Teils sind am Ende einzelner Kapitel noch einige Fragen und Anregungen platziert worden (»Kleiner Wissenscheck ...«). Dies lässt nicht nur das Lehrer- und Hochschuldozent-Sein des Autors erkennen. Hierdurch wird auch der sehr alten Erkenntnis aus der antiken Welt: »Repetitio est mater studiorum« (»Wiederholung ist die Mutter der Studien«) Rechnung getragen. Es geht um nicht mehr und nicht weniger als um ein Angebot – man kann die Antworten im Text suchen, muss es aber nicht.

1.7 Rückblick auf die Theorieaspekte

An dieser Stelle soll noch einmal hervorgehoben werden, dass im Theorieteil nicht alle theoretischen Grundlagen des Personzentrierten Arbeitens erwähnt und die erwähnten nicht komplett in allen ihren Merkmalen erörtert wurden. Der Grund dafür wurde schon eingangs erwähnt – es geht hier nicht um ein Lehrbuch für »kleine Psychologen«, sondern um ausgewählte notwendige, gleichwohl ausreichende Informationen für die Orientierung im Wesen des Personzentrierten Arbeitens.

Im zweiten Kapitel folgen nun methodische Hinweise und Erörterungen zu konkreten Vorgängen und Handlungsweisen, welche die Personzentriertheit der Fachperson im Berufsalltag offenbaren.

2

Personzentriert handeln: Wie geht das? (Know-how-Wissen)

In seiner »Kritik der reinen Vernunft« (1787) sieht Immanuel Kant die Bereiche Theorie (gedankliche Anschauung und Erkennen) und Praxis (tätig sein, Handeln) nicht getrennt voneinander, sondern eng verbunden und aufeinander angewiesen. Demnach stehen die Erkenntnisse der Theorie und das praktische Handeln in wechselseitiger Beziehung. Dabei geht es nicht darum, ob die Theorie oder das Handeln als primär angesehen wird. Das eine ist von dem anderen nicht zu trennen. In diesem Sinne muss die Aussage von Heinz von Foerster »Willst du erkennen, lerne zu handeln.« (von Foerster 1981, 60) um die Aufforderung »Willst du handeln, lerne zu erkennen« ergänzt werden. Das Theorie-Praxis-Wechselspiel kann man sich wie folgt vorstellen:

Theorien erarbeiten – i.d.R. auf Anregung aus den Praxisfeldern hin – mehrere Aussagedimensionen, indem sie

- betrachten und beschreiben, was da ist (phänomenologische Aussage),
- untersuchen, wie dasjenige funktioniert, was sie beschreiben (funktionale Aussage),

2 Personzentriert handeln: Wie geht das? (Know-how-Wissen)

- Hypothesen darüber zur Verfügung stellen, wieso das so ist (kausale Aussage), sowie
- Ideen/Hinweise zur praktischen Verwendung formulieren (aktionale Aussage).

Praktisches Tun/Handeln verantwortet den Transfer von theoretischen Erkenntnissen in die Praxisfelder sowie die »Versorgung« der Theorie mit Erfordernissen/Anregungen aus relevanten Handlungsfeldern, indem es

- die theoretischen Aussagen und die von der Theorie angeregten Handlungs-/Vorgehenshinweise anwendet und sie auf ihre von der Theorie »versprochene« Wirkung prüft (»Praxistauglichkeit« theoretischer Aussagen),
- die Anwendungserfahrung in die Erarbeitung von theorierelevanten Methoden/Techniken/Vorgängen einbringt und diese weiter präzisiert/entwickelt (methodische Umsetzung/Ausgestaltung theoretischer Aussagen), sowie
- die sich im gesellschaftspolitischen Entwicklungsprozess fortwährend verändernden Praxisbedingungen und Gegebenheiten des Handelns der Theorie zum Zweck erneuter/weiterer/präziserer Untersuchung vorlegt (»Versorgung« der Theorie mit praxisrelevanten Themen/Fragen).

Dieser Verbindung zwischen Theorie und Praxis trägt auch die Unterteilung dieses Buches Rechnung: Im ersten Teil sind im erforderlichen und ausreichenden Umfang ausgewählte psychologische Erkenntnisse darüber, wie ein Mensch »funktioniert«, dargestellt worden, während jetzt im zweiten Teil diese Erkenntnisse als Quelle von Ideen/Hinweisen/Vorgängen für orientiertes, begründetes und reflektierbares Handeln auf der Anwendungsebene dienen.

Dementsprechend beginnen die einzelnen Teilbereiche des hier dargestellten Know-how-Wissens jeweils mit einer kurzen Gedächtnisstütze zu entsprechenden Aussagen der Theorie aus dem ersten Teil, um den Kontext »Theorie ← → Know-how« herzustellen. Es ist eine bewusste Redundanz im Sinne des lateinischen Sprichworts »Repetitio est mater studiorum«[2].

Auch in diesem Teil werden einige veranschaulichende Exkurse zu den Praxisfeldern der Heilpädagogik und Erziehungs- sowie Altenhilfe zu finden sein. Und weil es in diesem zweiten Teil um praktisches Tun/Handeln geht,

---

2 Wiederholung ist die Mutter der Studien.

stehen an einigen Stellen auch Aussagen von Fachpersonen, die das Personzentrierte Arbeiten erlernt und in ihrem Berufsalltag praktiziert haben. Kleine Wissenschecks runden die Auseinandersetzung mit dem Know-how des Personzentrierten Arbeitens ab.

Inhaltlich werden die Know-how-Hinweise und Anregungen im Sinne der Antwort auf die Frage »*Personzentriert arbeiten? Wie geht das?*« gegliedert. Denn eines steht von Anfang an fest – das geht bereits, indem die Fachperson im Berufsalltag

- ihre personzentrierte Haltung in der Interaktion mit dem Gegenüber offenbart (▶ Kap. 2.1),
- eine personzentrierte Kommunikationsart praktiziert (▶ Kap. 2.2),
- das Personsein des Gegenübers bei alltäglichen Interaktionen bestätigt und stärkt (▶ Kap. 2.3),
- die Bedürfnisse des Gegenübers wahr- und ernst nimmt und deren Befriedigung ermöglicht/fördert (▶ Kap. 2.4), sowie
- das Selbstwertgefühl des Gegenübers positiv stärkt (▶ Kap. 2.5).

Insgesamt geht es darum, sich selbst – von Selbstkenntnis ausgehend – bewusst zur personzentrierten Umgehensweise mit den zu unterstützenden Menschen hin zu steuern, und das Auftreten als »Mitmensch-von-Beruf« zur automatisierten Gewohnheit zu machen. Näheres hierzu ist im dritten Teil dieses Buches zu finden.

Abgesehen von den einzelnen Teilbereichen gelten für die Vorgehensweise im Sinne des Personzentrierten Arbeitens folgende Aufgaben: *Präsent-Sein und in Kontakt stehen* → *Wahrnehmen/Erforschen* → *Verstehen/Begreifen* → *sich selbst steuernd Handeln*.

Diese Aufgaben stehen hier am Anfang des zweiten Kapitels, weil sie in allen o. g. Know-how-Bereichen als eine Art »roter Faden« im Hintergrund des Tuns/Handelns stehen sollen (bzw. eigentlich stehen müssen).

- Vom psychologischen Fachwissen darüber, wie ein Mensch im Allgemeinen »funktioniert«, ausgehend (Kenntnisse von individualpsychologischen, lernpsychologischen und humanistisch-psychologischen Menschenbildern),
- im Berufsalltag
  - für den zu unterstützenden Menschen da sein (Präsenz, Kontakt) und
  - »erforschen«, wie er als Person ist, was ihn bewegt, was ihm wichtig ist usw., also wie er subjektlogisch »funktioniert« (Orientierung in seinen Emotionen, Bedürfnissen, seinem Selbstkonzept, Selbstwertgefühl, sei-

nen Lernergebnissen, zu Gewohnheit automatisierten Verhaltensweisen, aber auch in seinen Potentialen und Ressourcen), und
- mit Berücksichtigung der gewonnenen Erkenntnisse über sein subjektlogisches »Funktionieren«
  - sich selbst in der Interaktion/Kommunikation mit ihm bewusst steuern (offen, ehrlich, ernst nehmend, nicht bewertend, annehmend und empathisch sein),
  - ihn in seinem Person-Sein unterstützen, sein Selbstwertgefühl stärken, ihn zur Selbstkonzepterweiterung durch neue Erfahrungen ermutigen, die Befriedigung seiner Bedürfnisse ermöglichen, für ein sein Person-Sein erhaltendes Milieu sorgen, und somit
- sein Wohlbefinden fördern.

Hierzu folgende Aussage einer Absolventin der Weiterbildung im personzentrierten Arbeiten:

»[...] Mein eigenes Wohlbefinden [...] nach Anwendung der personzentrierten Methode überrascht mich. Nicht nur der Bewohner fühlt sich danach verstanden, akzeptiert und wohler, auch ich gehe mit einem guten Gefühl aus der Situation heraus. Die gemeinsam verbrachte Zeit wurde sinnvoll gestaltet und als entspannt erlebt.« (Clemens 2003, 3)

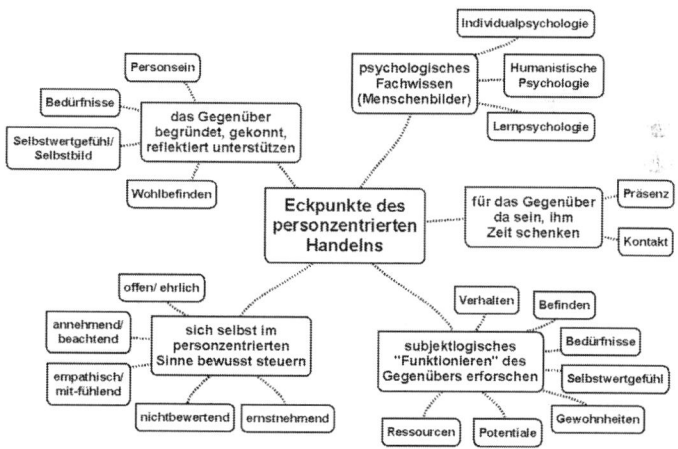

Abb. 4: Eckpunkte des personzentrierten Handelns

Eine grundlegende Orientierung ist nicht nur für das Personzentrierte Arbeiten, sondern auch für das professionelle Handeln allgemein unabdingbar. Ohne zu wissen, wie die Situation von der zu unterstützenden Person wahrgenommen und gedeutet wird und was ihr wichtig ist, und ohne die eigenen aktuellen Empfindungs- und Verhaltenstendenzen zu kennen, kann die Fachperson im besten Falle nach dem Versuch-Irrtum-Prinzip handeln, oder ihre eigenen Interpretationen und Wichtigkeiten als Wegweiser des Handelns verwenden, oder aber sich dem Verlangen des Gegenübers unterwerfen. Oder, oder, oder ...

Bei aller Wertschätzung von Handlungsspontaneität (die selbstverständlich auch zum beruflichen Handeln gehört, nur bitte nicht als Grundprinzip der Vorgehensweise) steht fest, dass fehlende Orientierung im o. g. Sinne die Gefahr in sich birgt, dass die Fachperson dem Anspruch der beruflichen Handlungsprofessionalität nicht gerecht wird.

> **Exkurs zur Erziehungshilfe**
> Beispiel für das Handeln im Sinne personzentrierter Arbeitsweise: »Ich habe zwar zu tun, aber du bist mir nicht weniger wichtig.« (vgl. Ondracek 2018a, 155 f.)
>
> In einem Kinderheim kommt ein Erzieher in der Position eines Bereichsleiters in eine Wohngruppe, um mit dem diensthabenden Kollegen etwas zu besprechen. Dort begegnet er der fünfjährigen Michaela – sie hüpft auf dem Flur, schlägt mit einem Schuh gegen die Wände, knallt die Zimmertüren zu und schreit laut herum. Der Bereichsleiter reagiert auf das aufgedrehte Verhalten des Mädchens weder mit Tadel noch versucht er, das Verhalten zu verändern. Er geht davon aus, dass es höchstwahrscheinlich ein Signalverhalten ist, mit dem Michaela auf sich aufmerksam machen will: »Guck mal, ich bin auch da!«
>
> So hält der Bereichsleiter an und nimmt kurz Kontakt zu Michaela auf: Er wendet sich dem Mädchen zu, geht auf Augenhöhe zu ihr herunter, begrüßt sie freundlich mit Namen und sagt ihr, dass er sich freut, sie zu sehen. Was ehrlich und nicht gelogen ist. Sie beendet ihr aufgedrehtes Verhalten und fordert den Bereichsleiter auf, mit ihr zu kommen – sie wolle ihm etwas in ihrem Zimmer zeigen. Ein bisschen ist sie schon enttäuscht, als er ihr sagt, er komme gleich nach dem Gespräch im Dienstzimmer zu ihr und werde sich dann ein paar Minuten Zeit für sie nehmen. Sie könne die Wartezeit nutzen und z. B. ein Bild malen. Michaela nimmt sein Angebot an und geht auf ihr Zimmer. Als er dann nach ca. zehn Minuten zu ihr kommt, zeigt sie ihm stolz das Bild, das sie gemalt hat. Er bittet sie ihm zu erzählen, was alles auf dem Bild ist. Das tut sie und anschließend schenkt sie es ihm. Als er dann nach ca. fünf Minuten wieder geht, protestiert Michaela nicht.

> Diese Vorgehensweise lässt sich deshalb als personzentriert bezeichnen, weil der Bereichsleiter die Situation mit den Augen und Bedürfnissen des Kindes betrachtet hat. Er konnte Michaela zeigen, dass er bemüht ist, sie in ihrer aktuellen Lage zu verstehen und anzunehmen, ohne auf sein Anliegen zu verzichten. Sie fühlte sich ernst genommen und stellte das auffällige Verhalten ein. Was unangenehm angefangen hat, endete als eine kurze Begegnung zwischen den beiden.
>
> Michaelas Bedürfnis nach Kontakt mit einer wichtigen Person (diesen Status hat ein Bereichsleiter zwangsläufig inne) wurde befriedigt und er konnte seine Aufgabe (das Gespräch mit dem diensthabenden Kollegen) ungestört erledigen. Also hatten beide einen jeweils subjektiv wichtigen »Gewinn«. Den »Preis« hat der Bereichsleiter übernommen – die Situation mit den Augen von Michaela zu sehen, ihre Bedürfnisse zu erkennen und ernst zu nehmen, die eigenen Handlungsmöglichkeiten einzuschätzen, eine Konsenslösung zu finden und sie auch auf eine Art und Weise umzusetzen, die Michaela das Gesicht wahren lässt und für sie akzeptabel ist.

Das Beispiel verdeutlicht, dass personzentriertes Arbeiten keine nach methodisch vorgegebener Struktur helfend agierende Vorgehensweise/Technik ist, sondern die Form einer empathisch orientierten Mitmenschlichkeit einnimmt. Sie stellt den zu unterstützenden Menschen als Person in den Mittelpunkt. Nicht so sehr seine Taten bzw. sein Verhalten, sondern seine aktuell vorhandenen Gefühle, seine Gedanken, seine Wichtigkeiten, sein Anliegen usw. werden fokussiert. Es gilt, diese subjektiven Eckpunkte des situativen Erlebens zu verstehen, um unterstützend handeln zu können.

Genauso wichtig sind auch die Bemühungen der Fachperson um eine Orientierung in weiteren Kontexten und Faktoren der subjektiven Sicht-, Denk- und Verhaltensweise des Gegenübers (Lebensgeschichte, Ereignisse, familiäre Situation, schulische Lage, Gesundheit usw.). Auch das Aushalten belastender Verhaltensweisen und Interaktionen wird durch das Begreifen der subjektiven Erlebens-, Denk- und Handlungsweise ermöglicht.

Kleiner Wissenscheck zum Vorgehen bei personzentrierter Arbeitsweise

- Welche inhaltlichen Teilbereiche hat das Know-how des Personzentrierten Arbeitens?
- In welchen Phasen/Schritten vollzieht sich das Personzentrierte Arbeiten?
- Welches Fachwissen ist für die die personzentrierte Vorgehensweise hilfreich?

2.1 Personzentrierte Haltung zeigen

Welche Haltung die Fachperson dem zu unterstützenden Menschen gegenüber einnimmt, hängt von dem Menschenbild ab, welches sie verinnerlicht hat. Es beeinflusst ihre Sicht, Denk- und Handlungsweise (wobei ihr dieser steuernde Einfluss nicht immer bewusst wird). Wie sie den zu unterstützenden Menschen sieht und bewertet, ist für das Gelingen bzw. Misslingen der Interaktion und Kommunikation mit ihm im Kontext der Erfüllung von alltäglichen wie auch speziellen Aufgaben und Angelegenheiten ausschlaggebend.

- Betrachtet die Fachperson den zu unterstützenden Menschen durch die »Brille« seines Person-Seins, d. h. als ein Individuum mit Gefühlen, Bedürfnissen, Erfahrungen, Wünschen und Willen, neigt sie zu einer anderen Handhabung der alltäglichen Angelegenheiten und Aufgaben. Sie geht an diese in einer Weise heran, dass der zu unterstützende Mensch sich (trotz all seiner Probleme, Störungen, Einschränkungen usw.) in seinem Mensch-Sein wahr- und ernst genommen und folglich wohlfühlen kann – mit entsprechenden positiven Auswirkungen auf sein Selbstwertgefühl, Empfinden und Verhalten.
- Sieht die Fachperson den zu unterstützenden Menschen vor allem durch die »Brille« seiner Problemlage, Behinderung, Störung, seines belastenden Verhaltens, des Anders-Seins u. ä., neigt sie oft dazu, über ihn zu bestimmen, für ihn zu entscheiden, zu bewerten, zu regeln, zu erledigen usw. Bei dieser Sichtweise gewinnt die Problembeseitigung, Aufgabenerledigung, Verhaltensänderung u. ä. zu sehr an Bedeutung. Dann passiert es allzu leicht, dass der zu unterstützende Mensch sich fremdbestimmt, bevormundet, bedient usw. und folglich unwohl fühlt.

In der Reaktion auf die Äußerungen eines anderen Menschen offenbart sich die eigene Einstellung zu ihm, zu dem, wovon er spricht, und letztendlich auch zu sich selbst. Kurz gesagt – für die Antwort, die einem anderen Menschen gegeben wird, ist die (i. d. R. nicht bewusste) Einstellung/Haltung der reagierenden Person ausschlaggebend.

Je häufiger im Berufskontext die personzentrierte Haltung bewusst und reflektiert offenbart wird, desto wahrscheinlicher ist es, dass es nach und nach zu einer Verinnerlichung der personzentrierten Sicht- und Handlungsweise kommt. Dass dies keine Theorie ist, sondern in der Tat stattfindet, lässt sich mit folgender Aussage eines Absolventen der Weiterbildung im personzentrierten Arbeiten darlegen:

2.1 Personzentrierte Haltung zeigen

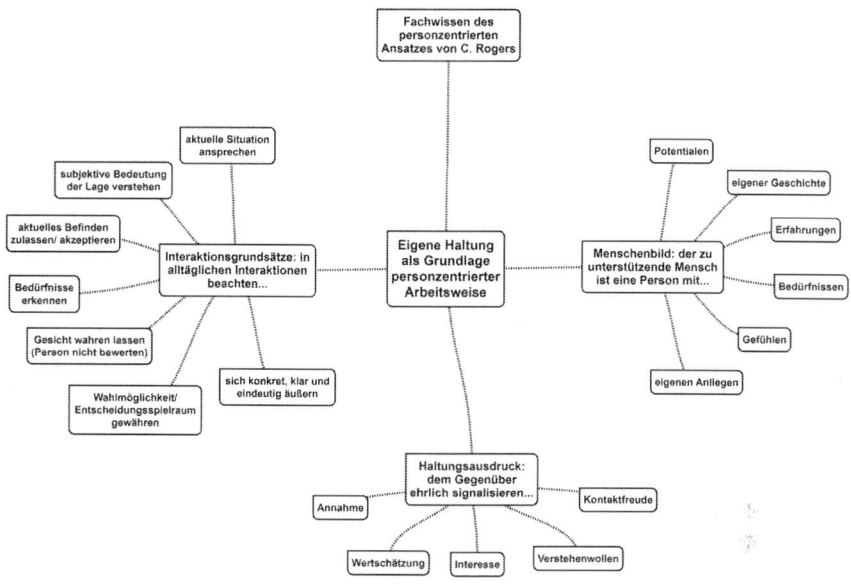

Abb. 5: Haltungsaspekte im Hintergrund personzentrierter Arbeitsweise

»[...] Nicht zuletzt merke ich, wie sich meine Persönlichkeit verändert. Nicht gravierend, aber in stetiger Form. Es wird klar, dass es nicht nur Techniken sind, mit denen wir in der personzentrierten Arbeit umgehen, sondern dass in dieser – wie vielleicht in den anderen Ansätzen auch – eine gewisse Haltung nötig ist. Die Arbeitsweise wirkt auf den Ausführenden zurück [...]« (Lütgenhaus 2001, 10).

Dies wirkt sich dann auch auf die Interaktion und Kommunikation mit anderen Menschen im außerberuflichen Alltag (also auch im privaten Leben) positiv aus.

Es ist leichter möglich, an der eigenen Einstellung/Haltung zu arbeiten, wenn diese erkannt wird. Für diesen Zweck ist die vorliegende Selbstüberprüfung gedacht. Sie hilft bei der Orientierung in eigener Grundtendenz, auf Menschen mit ihren Themen und Problemen zu reagieren.

Selbsterforschungshilfe »Eigene Haltung in Gesprächen«

(Erarbeitet aus: VHS Niedersachsens 1992 sowie Weisbach 2003, 21–40)

Wichtig: Es handelt sich hier nicht um einen psychologischen Test, sondern um eine bewusstmachende Bestandsaufnahme, die als Ausgangspunkt für ein gezieltes Vorgehen beim Einüben und Entfalten der personzentrierten Art zu kommunizieren dient.

Aufgabe: Im Folgenden finden Sie Äußerungen von acht Personen in unterschiedlichen Situationen und mit unterschiedlichem Anliegen (bezeichnet als »Person 1« bis »Person 8«). Zu jeder Aussage sind sechs verschiedene Antworten zur Auswahl (nummeriert von 1 bis 6) vorgegeben.

Lesen Sie bitte aufmerksam jede Äußerung durch und stellen Sie sich die jeweilige Person vor. Nehmen wir an, Sie würden diesen Menschen gut kennen, er spräche zu Ihnen wie dargestellt und Sie müssten darauf antworten.

Lesen Sie dann die sechs Antworten durch, die zu jeder Person vorgeschlagen werden. Lassen Sie sich von Ihrer Spontaneität leiten und wählen Sie die Antwort, die Sie Ihrem Gegenüber in dieser Situation am ehesten geben würden. Grübeln Sie nicht, sondern gehen Sie nur von Ihrem Empfinden aus. Kreisen Sie dann die Ziffer dieser Antwort ein.

Wiederholen Sie dieses Vorgehen bei den Aussagen aller acht Personen. Füllen Sie dann die Ergebnistabelle aus, um ein eigenes Einstellungsprofil zu erstellen.

Person 1 (Frau, 35 J.)

»Ich weiß nicht, was ich tun soll, ob ich nach dem Mutterschaftsurlaub die Stelle als Verkäuferin wieder annehmen soll. [...] Einerseits hätte ich eine Anstellung und ein Gehalt nach Tarif, [...] andererseits würde ich viel lieber eine abwechslungsreichere Arbeit machen, z. B. als Erzieherin. [...] Aber dann müsste ich ja wieder ganz von unten neu beginnen [...] Ich weiß wirklich nicht, ob ich das schaffe.«

Antworten zur Auswahl:

1. Könnten Sie mir sagen, was das für Sie konkret heißt, »abwechslungsreichere Arbeit«? Es ist sicher sehr wichtig, vorher genau darüber nachzudenken.
2. Hier ist Vorsicht geboten. Bevor Sie sich auf etwas Neues einlassen, müssen Sie sicher sein, dass es für Sie von Vorteil ist und dass Sie nicht einem Schatten nachjagen.
3. Na ja, vielleicht können Sie besser entscheiden, wenn Sie herausfinden, ob für Sie auch andere Möglichkeiten bei Ihrem Arbeitgeber bestehen. Wäre es möglich, ein Gespräch mit dem Personalchef zu führen?
4. Sie stehen unentschlossen vor den beiden Möglichkeiten und können keine Entscheidung treffen.
5. Das ist wirklich keine leichte Entscheidung. Auf der einen Seite steht ein gesicherter Arbeitsplatz, der Ihnen aber nicht gefällt. Anderseits ist ein Neuanfang immer mit Umstellung verbunden.

6. Sie machen sich zu viele Sorgen. Ihre Schwierigkeiten beseitigen Sie nicht, wenn Sie so unentschlossen weiter grübeln. Sie dürfen es sich nicht so schwer machen, es wird schon irgendwie gehen.

Person 2 (Mann, 25 J.)

»Ich werde nervös, wenn ich etwas Erfreuliches erlebe. Dann tue ich so, als ob ich es nicht erlebt hätte, und das beruhigt mich wirklich! Ich wollte mich mit Angelika verabreden und das dauerte sehr lange, bis ich den Mut fand, ihr ein Date vorzuschlagen. [...] Sie willigte ein, ich wurde nervös und bin dann auch nicht hingegangen.«

Antworten zur Auswahl:

1. Junger Mann, gehen Sie doch davon aus, dass Angelika sich sicherlich genauso sehr ein Rendezvous wünscht wie Sie.
2. Es kommt Ihnen unglaublich vor, wenn Ihnen etwas Erfreuliches passiert?
3. Sie haben sich offensichtlich oft eingeredet, dass Ihnen nichts Erfreuliches passieren kann. Und so erscheint es Ihnen beim tatsächlichen Eintreten ganz unwirklich.
4. Ich frage mich, ob diese Nervosität mit einem bestimmten Ereignis in Ihrem Leben verknüpft ist. Können Sie mir mehr darüber sagen, wann Sie auf erfreuliche Ereignisse zum ersten Mal mit Nervosität reagiert haben?
5. Besteht denn wirklich ein Grund, sich wegen dieser Sache zu grämen? Wir alle haben mit sonderbaren Gefühlen und Wünschen zu kämpfen. Sicherlich werden Sie es überstehen.
6. Ich glaube, dass Ihnen diese Erfahrung eine Lehre sein wird. Das nächste Mal müssen Sie sich bemühen, Ihre Chancen wahrzunehmen.

Person 3 (Mann, 40 J.)

»Ich habe mich entschlossen, irgendetwas zu tun – ich kann auch schwere Arbeit erledigen und ein paar harte Schläge einstecken, wenn ich weiß, was ich will. [...] Und ich scheue mich nicht, wenn es muss, über Leichen zu gehen. Auf keinen Fall gebe ich mich mit einer mittelmäßigen Stelle zufrieden!«

Antworten zur Auswahl:

1. Mit einem Wort: Sie sind aufgebracht und entschlossen, sich selbst Ihren eigenen Wert zu beweisen.
2. Sie meinen, eine herausragende Stellung haben zu müssen, welche Mittel und Anstrengungen dazu auch notwendig sein sollten.

3. Was bringt Sie zu diesem Entschluss, etwas Besseres – koste es was es wolle – erreichen zu wollen?
4. Hätten Sie ein Interesse daran, einige Tests zu machen, um herauszufinden, für welchen Beruf Sie sich am besten eignen? Das könnte eine Hilfe für Sie sein, obwohl Sie mit Ihrer Entschlossenheit sicherlich in manchen Berufen gute Aussichten haben.
5. Großer Ehrgeiz ist immer eine wirksame Triebfeder! Aber meinen Sie das ernst, dass Sie über Leichen gehen würden? Könnte Ihnen das nicht mehr schaden als nützen?
6. Ihre Gefühle sind sehr intensiv, vermutlich weil Sie erst kürzlich eine Enttäuschung erlebt haben. Sie müssen sich zuerst beruhigen und besinnen! Das hilft Ihnen, überlegte Entscheidung zu treffen.

Person 4 (Frau, 30 J.)

»Seit zehn Jahren wohne ich in dieser Stadt, seit sieben Jahren in derselben Wohnung, aber ich kenne einfach niemanden. Im Büro habe ich keine Freunde. Ich versuche, mit den anderen Angestellten freundlich zu sein, aber im Grunde fühle ich mich dort wie gelähmt und nicht wohl. […] Und dann rede ich mir ein, dass es mir doch egal ist, weil jeder für sich lebt. Manchmal bin ich so weit, dass ich mir wirklich keine Freunde wünsche.«

Antworten zur Auswahl:

1. Kopf hoch, seien Sie nicht so pessimistisch, es wird nicht ewig dauern. Die anderen werden sicherlich eines Tages auf Sie zu kommen.
2. Ich kenne Leute in der gleichen Situation. Sie fanden Anschluss, indem sie einem Freizeitklub beigetreten sind. Lassen Sie sich also nicht unterkriegen, man muss nicht immer allein bleiben.
3. Wenn Sie mir mehr darüber erzählen könnten, wie Sie neue Freunde zu gewinnen suchten, würden wir einen deutlichen Hinweis erhalten, wo der Fehler zu suchen ist.
4. Sie erleben schon eine lange Zeit, dass es Ihnen nicht gelingt Freunde zu finden. Ist es das, was Sie sagen wollten?
5. Wahrscheinlich wollen Sie gar keine Freunde finden. Offensichtlich versuchen Sie, sich vor etwas zu schützen. Was ist das?
6. Es ist traurig, keine Freunde zu haben, und Sie sollten wirklich etwas dagegen unternehmen. Sie erschweren sich das Finden neuer Freunde – vielleicht sind Ihre Erwartungen zu hoch.

2.1 Personzentrierte Haltung zeigen

Person 5 (Mann, 45 J.)

»Ich bin sicher, dass ich das schaffen kann! Was ich brauche, ist Überblick, Verstand und Unternehmungsgeist. Das alles habe ich. Und wenn ich auch noch die entsprechenden finanziellen Mittel hätte, würde ich mich sofort dran machen ...«

Antworten zur Auswahl:

1. Sie sollten vielleicht einen Finanzberater aufsuchen. Bevor man eine Anleihe aufnimmt, braucht man eine kompetente Beratung.
2. Gut so. Man muss von sich selber überzeugt sein, wenn man etwas erreichen will. Zaghaftigkeit kann alles zunichtemachen. Sie sind auf dem richtigen Weg und ich wünsche Ihnen viel Erfolg.
3. Sie sind sich sicher – wenn Sie das Grundkapital hätten, würden Sie daraus auf jeden Fall einen Gewinn ziehen.
4. Sie sind von Ihrem Erfolg überzeugt, weil Sie genau wissen, was man braucht, damit die Sache klappt. Wenn man die Dinge nüchtern genug betrachtet, kommt die Zuversicht von selbst.
5. Haben Sie schon untersucht, mit welchen Risiken Sie dabei rechnen müssten?
6. Sie machen sich viele Gedanken übers Geld – wie man dazu kommt und wie man es am besten einsetzen kann ...

Person 6 (Mann, 50 J.)

»Wissen Sie, da ist ein Neuer in der Firma – ein richtiger Angeber. Er weiß auf alles eine Antwort und glaubt, er habe das Schießpulver erfunden. Aber, Herrgott, er hat keine Ahnung, was ich weiß und kann. Wenn ich wollte, könnte und würde ich alles besser machen als er.«

1. Sie sind davon überzeugt, der Bessere zu sein. Es ist wirklich wichtig für Sie zu wissen, dass Sie der Macher sein könnten, wenn Sie es darauf ankommen ließen.
2. Sie sollten Ihre Haltung dem Neuen gegenüber ändern, dann wird sich auch Ihre Aufregung und Abneigung ihm gegenüber legen.
3. Haben Sie Geduld, mit der Zeit wird auch Ihr Know-how beachtet.
4. Dieser Neuankömmling scheint Ihnen so eingebildet, dass Sie es ihm am liebsten zeigen und ihn übertrumpfen möchten.
5. Sie spielen offensichtlich kein faires Spiel! Warum legen Sie so viel Wert darauf, diesen Mann so negativ zu bewerten?
6. Haben Sie sich genau über die bisherige Karriere und die jetzige Stellung dieses Mannes informiert? Was wissen Sie über ihn?

2 Personzentriert handeln: Wie geht das? (Know-how-Wissen)

Person 7 (Mann, 37 J.)

»Im Büro ist es schrecklich – obwohl ich mein Bestes versucht hatte, sind der neue Chef und sein Stellvertreter sauer auf mich, weil ich mich bei einer schwierigen Abrechnung geirrt hatte [...] Ich tue wirklich mein Bestes, aber wenn sie mir sagen, dass es nicht genug sei, dann zeigt mir das immer deutlicher, dass ich zu nichts tauge.«

Antworten zur Auswahl:

1. Naja ... Versuchen Sie doch die Sache objektiv zu betrachten. Ist es denn wirklich so schlimm? Aus einem Fehler bei einer schwierigen Abrechnung muss man doch kein Drama machen.
2. Mit anderen Worten: Weil man Sie kritisiert, neigen Sie zu Schuldgefühlen.
3. Sie haben Ihr Bestes getan und trotzdem ist Ihnen ein Fehler unterlaufen. Deswegen glauben Sie jetzt, nicht viel zu taugen?
4. Schauen Sie mal, wenn Sie sich durch so etwas entmutigen lassen, dann taugen Sie bald wirklich zu nichts mehr.
5. Sagen Sie ehrlich, ist wirklich nur dieses eine Missgeschick der Grund dafür, dass Sie an sich selbst zweifeln?
6. Sie sollten sich darauf konzentrieren, was Sie bis jetzt alles richtig gemacht und erreicht haben, statt sich durch Fehler entmutigen zu lassen. Machen Sie doch die Bilanz Ihrer Erfolge!

Person 8 (Mann, 22 J.)

»Herr Professor, bitte helfen Sie mir einen Veranstaltungsplan für das nächste Semester aufzustellen. Ich habe mit mehreren Dozenten darüber gesprochen und sie gefragt, was ich wählen soll. Nur sagt jeder etwas anderes. Was soll ich tun? Ich studiere im ersten Semester und weiß wirklich nicht, was am besten wäre ...«

Antworten zur Auswahl:

1. Wenn ich Sie richtig verstanden habe, so glauben Sie, es handele sich dabei um etwas, wozu Hilfe von außen nötig ist – etwas, was Sie von sich aus nicht entscheiden können.
2. Na gut. Kommen Sie, ich kann Sie beraten, welche Grundlagenveranstaltungen und welche Wahlseminare sinnvoll sind.
3. Wenn Sie Ihre Möglichkeiten und Wünsche genauer anschauen, anstatt nach Meinungen anderer zu suchen, könnten Sie mit Sicherheit den Semesterplan selbst aufstellen.
4. Ich glaube, Sie müssen zuerst ein stabiles Selbstvertrauen entwickeln. Das würde Ihnen am besten helfen, die Lehrveranstaltungen zu wählen.

5. Das ist nicht so schlimm, dass Sie sich in der Studien- und Prüfungsordnung nicht zurechtfinden. Lassen Sie uns gemeinsam schauen, was Sie planen können.
6. Versuchen Sie doch, zuerst Ihre Vorlesungs- und Studienzeiten einzuteilen. Dann fällt Ihnen die Semesterplanung garantiert nicht so schwer!

Auswertung

In der untenstehenden Tabelle ist jeweils eine Spalte einer der acht zu bearbeitenden Aussagen zugeordnet – die Spalten sind mit »Person 1« bis »Person 8« gekennzeichnet. Die Tabelle hat sechs Zeilen (A bis F), in denen die Ziffern der sechs Antworten vorgegeben sind, die bei der Bearbeitung jeder Aussage zur Verfügung standen (1 bis 6).

Schraffieren Sie bitte in allen Spalten das Kästchen aus, in dem die Nummer der Antwort steht, die Sie ausgewählt haben.

Beispiel: Sie haben bei Person 1 Antwort 1 ausgewählt. So schraffieren Sie in der Spalte »Person 1« das Kästchen aus, in dem die Zahl 1 steht.

Tab. 2: Auswertungspunkte »Eigene Haltung« (vgl. Weisbach 2003, 32)

	Person 1	Person 2	Person 3	Person 4	Person 5	Person 6	Person 7	Person 8	$\sum$
A	2	1	5	6	2	5	4	3	
B	4	2	1	5	6	1	2	4	
C	6	5	6	1	4	3	1	5	
D	1	4	3	3	5	6	5	6	
E	3	6	4	2	1	2	6	2	
F	5	3	2	4	3	4	3	1	

Die Summe ($\sum$) in der rechten Spalte gibt die Anzahl der in der jeweiligen Zeile A bis F schraffierten Felder wieder. Die Zahl gibt an, wie oft Sie im Sinne der mit Buchstaben A bis F gekennzeichneten Einstellung/Haltung (siehe unten) auf die Aussagen reagiert haben. Jeder Buchstabe bezeichnet eine andere Einstellung/Haltung des antwortenden Menschen:

- *Typ A* tendiert zum Bewerten des Gesagten vor dem Hintergrund einer moralischen Sichtweise. Ein zustimmendes bzw. ablehnendes Urteil über das Gegenüber kommt somit oft zustande.

- *Typ B* tendiert zum Interpretieren vor dem Hintergrund eigener Erklärung. Eine Verzerrung bzw. Verfremdung dessen, was das Gegenüber geäußert hat, ist hier fast vorprogrammiert.
- *Typ C* tendiert zum Trösten/Stützen des Gegenübers, mit dem er Mitleid empfindet. Folge ist dann das Herunterspielen/Beruhigen/Ermutigen mit dem Ziel des »Entdramatisierens«.
- *Typ D* tendiert zur Hinterfragung/Erforschung des Gesagten – und zwar aus dem Blickwinkel dessen, was ihm selbst als wichtig erscheint. Oft verdächtigt er das Gegenüber, über Unwichtiges zu reden oder etwas zu verschweigen und bedrängt es, ihm schnell das Wesentliche zu sagen.
- *Typ E* tendiert zu einer möglichst schnellen Lösung – die er selbst als sinnvoll erachtet. Das Gegenüber bekommt prompt Vorschläge bzw. Ratschläge, weil Typ E von ihm keine weiteren Informationen/Aussagen braucht.
- *Typ F* ist bemüht zu verstehen und versucht das, worüber sein Gegenüber spricht, mit dessen Augen zu sehen und sein Empfinden nachzuvollziehen. Sein Hauptanliegen ist die Gewissheit, dass er das, was sein Gegenüber mitteilte, begriffen hat.
  Dieser Typ offenbart in seinen Reaktionen am deutlichsten die personzentrierte Haltung.

Ein paar Bemerkungen zur Selbsterforschungshilfe:
Wichtig ist zu wissen, dass es im realen Leben keine Person gibt, die zu 100 % nur einen der o. g. Typen verkörpert. Das sagen alle Typologien – in einem Menschen wirken immer Anteile von allen Typen, wobei i. d. R. ein oder zwei Typen am stärksten vertreten sind. Ebenfalls wichtig ist zu wissen, dass das aktuelle Typus-Profil nicht endgültig so bleiben muss, wie es momentan ist. Bis auf genetisch bedingte Gegebenheiten physiologischer oder körperbaumäßiger Art, die in der Medizin als Grundlage für die Typologie von Menschen gedient hatten, lässt es sich übend (mit mehr oder weniger anstrengender Selbststeuerung) ändern.

Wie eingangs gesagt, handelt es sich hier um eine aktuelle Bestandsaufnahme, die bestimmte Tendenzen in Reaktionen auf Aussagen/Mitteilungen von Menschen bewusst machen soll. Personzentriert wahrzunehmen und zu reagieren ist eine komplexe Angelegenheit, in der mehrere Faktoren wirken – beginnend mit dem eigenen Selbstbild und Selbstverständnis des reagierenden Menschen, über die Beziehung zu der sich mitteilenden Person, die momentane Verfassung, die eigene subjektlogische Bedeutung der angesprochenen Situation bis hin zu den äußeren Bedingungen der Interaktion/Kommunikation (dem sog. Setting).

Auf manche dieser Faktoren hat man nur geringen bis keinen Einfluss, andere kann man sehr wohl selbst steuern – vorausgesetzt, sie sind einem bekannt und bewusst. Vor allem hinsichtlich des Selbstbildes (»Wer bin ich und wer bist du?«), der eigenen subjektlogischen Bedeutung der mitgeteilten Information (»Wovon redest du und wie gehe ich damit um?«) und der unbewusst beabsichtigten Selbstbestätigung (»Ich muss in gutem Licht vor mir dastehen!«) ist der Raum für Haltungsübungen und -änderungen offen.

Die Anregungen hierzu lassen sich der kurzen Beschreibung der einzelnen Haltungstypen entnehmen und nutzen. Die Quintessenz dieser Haltungsarbeit besteht darin, sich in beruflichen Interaktionen immer wieder folgenden »Ruck« zu geben: »Stelle jetzt deine subjektlogische Sichtweise auf null und sei diesem Gegenüber ein wahrnehmender, nicht bewertender und begleitender Mitmensch!«

Kleiner Wissenscheck zur Offenbarung personzentrierter Haltung

- Was charakterisiert eine personzentrierte Haltung?
- Wie sieht Ihr Typus-Profil aus? Erkennen Sie sich darin wieder? Welche Anteile hat der Typ »F«?
- Haben Sie sich – ausgehend von dem Ergebnis der Selbsterforschungshilfe – etwas für die Stärkung Ihrer personzentrierten Haltung vorgenommen? Wenn ja, was?

2.2 Personzentrierte Kommunikationsart praktizieren

C. Rogers hörte dem Patienten aufmerksam zu und verzichtete auf jegliche Anweisungen zur Verhaltensänderung. Allein das hat schon sein Gegenüber dazu ermutigt, sich mitzuteilen und über sich selbst sowie mögliche Änderungen nachzudenken.

Außerdem fand er heraus, dass neben dem Zuhören auch sein Bemühen um ein nichtbewertendes Begreifen dessen, was das Gegenüber bewegt, was ihm wichtig ist und wie es selbst seine Situation sieht, positiv wirkt. Seine diesbezügliche Rückmeldung an das Gegenüber trug zur Entstehung einer vertrauensvollen kommunikativen Atmosphäre bei, in der die Selbsterforschung des Gegenübers und eine von ihm ausgehende selbstbestimmte Änderung möglich war. Folglich nannte Rogers die so kommunizierte Fachperson facilitator (»Ermöglicher«).

Diese Kommunikationsart lässt eine Atmosphäre entstehen, die von Offenheit, Annahme, Sicherheit durch Bewertungsverzicht, Ich-Du-Kontakt und Begegnung geprägt ist. Wir können vom Klima der Mitmenschlichkeit sprechen. Die Beteiligten fühlen sich darin wohl, sind weniger auf Abwehr und mehr auf Kooperation ausgerichtet und verhalten sich entsprechend. C. Rogers schlussfolgerte, dass die mitmenschliche Präsenz einer Fachperson positiver wirkt und wichtiger ist als ihr theoretisches und methodisches Expertenwissen. Anders gesagt, verstärkt bzw. sogar ermöglicht erst das bewusste Mitmensch-Sein der Fachperson wie ein Katalysator die Wirksamkeit der eingesetzten spezifischen Wissens- und Methodenelemente (»Werkzeuge«).

Hierzu die Aussage einer Absolventin der Weiterbildung in personzentrierter Arbeitsweise:

> »Die personzentrierte Kontaktgestaltung hat mich besonders angesprochen. Mir wurde noch klarer, wie wichtig die Kommunikation [...] mit Bewohnern ist, bzw. welche Unterstützung für die Kontaktaufnahme ich geben kann. [...] Ich gehe viel bewusster auf Wünsche und Bedürfnisse meines Gegenübers ein. Das entspannt die Kommunikation, minimiert Reibungen und ich bekomme mehr Spaß an der Arbeit.« (Gneist 2003, 10)

Das Mitmensch-Sein der Fachperson offenbart sich kommunikativ darin, dass sie

- dem Gegenüber wirklich zuhört und bemüht ist sein Empfinden, Denken und Handeln (nicht bewertend) zu begreifen, sowie
- sein Person-Sein respektiert, seine Sichtweise nicht infrage stellt und ihn sozusagen sein Gesicht wahren lässt.

Wie macht man das konkret in der Kommunikation und Interaktion mit dem zu unterstützenden Menschen? Klare Hinweise gibt Rogers in Form von Fragen, welche die Haltung »Ich-will-dir-ein-Mitmensch-sein« charakterisieren (vgl. Rogers 1985). In Anlehnung an diese Fragen lassen sich folgende Anliegen formulieren, die das personzentrierte Handeln der Fachperson steuern:

- Zum Gegenüber positive Einstellungen empfinden (Wärme, Fürsorglichkeit, Zuneigung, Interesse und Respekt).

- Dem Gegenüber sein So-Sein bzw. Anders-Sein erlauben, seine Gefühle und subjektlogischen Sinngebungen so sehen wie er, jede seiner Aussagen akzeptieren.
- Zwischen »mein« und »dein« unterscheiden, um in der inneren Welt des Gegenübers nicht befangen zu sein.
- Für das Gegenüber transparent sein sowie verlässlich, beständig und nicht bewertend auftreten, sodass es sich nicht bedroht fühlt.

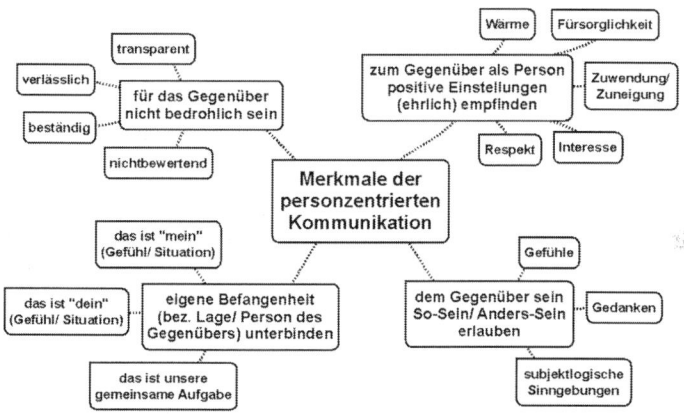

Abb. 6: Merkmale der personzentrierten Kommunikation

Diese Anliegen im beruflichen Kontakt mit dem zu unterstützenden Menschen zu verfolgen, ist eine Aufgabe, die nur mit den individuellen kommunikativen Mitteln der Fachperson erfüllbar ist, ganz nach dem Motto »Jede/r auf ihre/seine Art und Weise.« Folglich lassen sich hier keine konkreten Anweisungen formulieren. Vielmehr sind die Fachpersonen aufgefordert, ihren eigenen mitmenschlich-kommunikativen Stil zur Umsetzung dieser Anliegen zu suchen und zu entfalten.

Hierzu eine Aussage von C. Rogers:

> »Jedes Mal, wenn mir zugehört wird und ich verstanden werde, kann ich meine Welt mit neuen Augen sehen und weiterkommen. Es ist erstaunlich, wie scheinbar unlösbare Dinge doch zu bewältigen sind, wenn jemand zuhört.« (Rogers 2019)

Ausgehend von der Binsenweisheit, dass jede Kommunikation mit der Art des Zuhörens steht und fällt, sind an dieser Stelle als Orientierungshilfe und Inspiration einige Hinweise zum Zuhören zu finden. Sie sind aus den unzähligen Texten zum Thema »Gesprächsführung nach Rogers« herausgearbeitet worden und orientieren sich folglich an den sog. »Rogerschen« Basisvariablen Kongruenz, bedingungslose positive Beachtung (als Akzeptanz bekannt) und Empathie.

Faktoren des Kongruent-Seins

Hinderlich ist,

- sich als Person mit eigenem Empfinden und Denken unangreifbar/verdeckt/undurchsichtig zu machen, sowie
- sich im Verhalten ganz von der professionellen/beruflichen Rolle bestimmen zu lassen und sich selbst (wenn überhaupt) nur auf der Sachebene als Fachmann/Fachfrau einzubringen.

Hilfreich ist,

- hinsichtlich des eigenen Empfindens und Denkens offen zu sein, wenn das Gegenüber danach fragt, sowie
- auch unaufgefordert und spontan im Kontext des Geschehens/der Situation freien Einblick in persönliches Erleben zu gewähren, also für das Gegenüber (im angemessenen Umfang) als Person transparent zu sein.

Faktoren der bedingungslosen positiven Beachtung (vgl. Sander 1999, 62)

Hinderlich ist,

- Geringschätzung und Missachtung zum Gegenüber zu empfinden und seine Art des Fühlens und Erlebens zu missbilligen, sowie
- ihm abweisend, ablehnend, abwertend, unfreundlich, herzlos/lieblos, gleichgültig und verschlossen zu begegnen.

Hilfreich ist,

- Achtung und Wertschätzung zum Gegenüber zu empfinden und Anteil an seinem Fühlen und Erleben zu nehmen, sowie
- ihm zugeneigt, freundlich, herzlich/liebevoll, rücksichtsvoll, wohlwollend, interessiert, tröstend/helfend und offen zu begegnen.

Exkurs zur Altenpflege

Frau K., eine Bewohnerin einer Wohngruppe für Menschen mit Demenz (70 Jahre alt, neben Alzheimer noch Medikamenten- und Alkoholabhängigkeit sowie reaktive Depression), wechselt schnell ihre Stimmung: Einerseits ist sie höflich und kooperativ, andererseits versucht sie das Personal gegeneinander auszuspielen und unterstellt den Fachpersonen oft fahrlässiges, grobes und inkompetentes Verhalten.

Die diensthabende Kollegin betritt am Morgen das Zimmer von Frau K. Diese ist gerade dabei, ihren Oberkörper zu waschen. Vor dem Eintreten ins Zimmer hat sich die Kollegin vorgenommen, Frau K. eine positive Beachtung zu schenken, indem sie sich auf das Befinden konzentriert und auf Lösungen und Hilfeangebote verzichtet. Sie beschreibt die Situation wie folgt (hier sinngemäß wiedergegeben[3]):

Als Frau K. mich erkannt hat, verfiel sie in eine verzweifelte Stimmungslage – sie wirkte angespannt und erbost und begann über das Fehlverhalten des Pflegepersonals zu schimpfen: Sie bekäme keine Hilfe, da man ihr mitgeteilt habe, es wäre jetzt Pause. So müsse sie sich jetzt alleine waschen und das könne sie in ihrer Verfassung nicht ... Sie strahlte beim Erzählen Verzweiflung, Traurigkeit und Wut aus.

Ich hörte ihr zu, benannte ihre Gefühle (Sie fühlen sich enttäuscht ...; Sie ärgern sich, sind zornig ...; Sie fühlen sich in dieser Situation alleingelassen und hilflos ...) und stellte gelegentlich Verständnisfragen, um die Lage, in der sie sich offensichtlich nicht wohlfühlte, nachvollziehen zu können.

Bei einigen meiner Aussagen wirkte Frau K. erleichtert, sie schien sich verstanden zu fühlen. Bei anderen wiederum schien sich ihr Befinden für einen Moment zu verstärken, dann wurde sie ruhiger, als würde von ihr etwas abfallen.

Als ich ihr nach ein paar Minuten signalisierte mich langsam zu verabschieden, sagte Frau K., sie wasche sich jetzt zu Ende und komme dann ins Wohnzimmer zu den anderen Bewohnern. Ich selbst fühlte mich wohler in der Situation. Frau K. zeigte am Ende eine deutliche Verbesserung ihrer Stimmung und bot von sich aus an, die Körperhygiene aus eigener Kraft zu erledigen.

Abschließend stellte die Kollegin fest, dass es relativ einfach war, die Emotionen von Frau K. zu benennen. Ungewöhnlich war für sie die Erfahrung, keine Lösungen zu erarbeiten und trotzdem eine zu erleben – und zwar eine, die von Frau K. selbst kam.

---

[3] Inhalte einer Situationsanalyse in der Weiterbildungsgruppe »Personzentriertes Arbeiten mit Elementen der Prä-Therapie« am 30.09.2019.

Faktoren der empathischen Wirkung (vgl. Sander 1999, 58)

Hinderlich ist,

- weder auf die Äußerungen des Gegenübers noch auf die gefühlsmäßigen Erlebnisinhalte einzugehen, sowie
- sich nicht zu bemühen, die Welt mit seinen Augen zu sehen, und sich nicht damit zu befassen, was es fühlt, denkt und sagt.

Hilfreich ist,

- die vom Gegenüber geäußerten Erlebnisinhalte und gefühlten Bedeutungen möglichst vollständig zu erfassen und zu erkennen, welche persönliche Bedeutung dasjenige hat, worüber es gerade berichtet, sowie
- sich zu bemühen, die Welt mit seinen Augen zu sehen, ihm mitzuteilen, was von seiner inneren Welt verstanden worden ist, und die Inhalte, Gefühle und Bedeutungen in einer tiefgreifenderen Weise auszudrücken, als es selbst imstande ist.

Diese Hinweise sollen den Fachpersonen sowohl bei der Reflexion der Kommunikation als auch bei der Vorbereitung auf Gespräche dienen und ihre vorhandene Gesprächsführungskompetenz weiter entfalten, ganz nach dem Motto: »Solange wir nicht darüber nachdenken, wie wir Gespräche führen, gibt es nur eine Möglichkeit, es zu tun – nämlich so, wie wir es bisher immer getan haben.«

Selbsterforschungshilfe »Was bewegt mein Gegenüber?«

(Entnommen und bearbeitet aus: Weisbach 2003, 290)

Stellen Sie sich eine Person aus Ihrem Berufsalltag vor, mit der die Interaktion und Kommunikation nicht »rund läuft« und belastet.

Schauen Sie anhand der untenstehenden Orientierungsaspekte, was Ihnen über die einzelnen Bereiche der subjektiven Erlebens-, Denk- und Handlungsweise dieser Person bekannt ist. Notieren Sie Ihre Kenntnisse. Es zählt nur wirkliches Wissen, keine Vermutungen oder Annahmen.

Prüfen Sie anschließend, ob Ihre eigene Einstellung zu diesem Menschen und Ihr Umgang mit ihm den realen Kenntnissen entsprechen, oder ob sie

2.2 Personzentrierte Kommunikationsart praktizieren

vielleicht eher auf gedachten und unbestätigten Annahmen oder Interpretationen basieren. Wichtig ist auch die Überlegung, aus welchen Quellen Sie die fehlenden/unpräzisen Informationen ergänzen können – das Gegenüber direkt fragen, seine unaufgeforderten Äußerungen, Beobachtungen während der Interaktion ...

Orientierungsaspekte:

- Worauf legt Ihr Gegenüber Wert? Was sind seine Vorlieben?
- Was interessiert ihn besonders? Was findet er gut und was nicht?
- Wovon ist er überzeugt? Was stört ihn, was fürchtet er?
- Welche Fähigkeiten, Fertigkeiten und Kompetenzen besitzt er?
- Was ist ihm wichtig, um – vor sich selbst und vor anderen – in gutem Licht dazustehen?
- Wie ist seine Beziehung zu Ihnen (und Ihre zu ihm)?
- Wie sind seine Beziehungen zu anderen Personen in der sozialen Umwelt?
- Wo liegen seine Probleme? Wie geht er mit ihnen um?
- Sonstiges: Was ist Ihnen noch über die Erlebens-, Denk- und Verhaltensweise dieser Person bekannt?

Wozu soll die Orientierung am Gegenüber gut sein?

Das Gegenüber als Person wirklich gut zu kennen, erleichtert wie folgt die Interaktion und Kommunikation mit ihm:

- Seine Art zu empfinden, zu denken und zu handeln überrascht Sie nicht mehr (Aspekt des Verstehens).
- Das Wissen um die Orientierungsaspekte öffnet den Raum für eine positiv wirksame Einflussnahme auf sein Empfinden und Verhalten (Aspekt des begründeten Vorgehens).
- Ihre Handlungsfähigkeit als Fachperson wird unterstützt (Aspekt der Selbstwirksamkeit).

Körpersprachliche Signale beachten

Zur personzentrierten Kommunikationsart gehört auch die Wahrnehmung und das Ernstnehmen der körpersprachlichen Signale, die das Gegenüber (i. d. R. nicht bewusst) »sendet«. Sie signalisieren der Fachperson, was dem zu unterstützenden Menschen gerade wichtig ist. Wird auf diese Hinweise

Rücksicht genommen, fühlt das Gegenüber sich verstanden/beachtet und die Kommunikation verläuft »runder«.

Hierzu eine Aussage einer Absolventin der Weiterbildung in personzentrierter Arbeitsweise:

»Meine Kontakte zu Bewohnern sind viele, kurze Kontakte. [...] An ihrer Körperhaltung merke ich, dass sie sich oft während des Kontaktes aufrichten und ›größer‹ werden. Das interpretiere ich als ein Aufrichten ihrer Persönlichkeit. [...] Auch ihre Mimik, die vor dem Beginn des Kontaktes sehr reduziert war, erhellt sich oft mit einem Lächeln. Das zeigt mir, dass ich den Menschen emotionales Wohlbefinden vermittelt habe. (S. 8 f.) [...] Die Qualität und Intensität des Kontaktes hat nichts mit ›Zeit haben‹ zu tun. Es kommt darauf an, wie ich die Zeit nutze, die ich zur Verfügung habe.« (Hommes 2003, 12)

Weisbach gibt in seinem empfehlenswerten Buch verständliche und nachvollziehbare Hinweise auf den körpersprachlichen Ausdruck eines Gesprächspartners in Situationen, in denen eine Gesprächspause zustande kommt (vgl. Weisbach 2003, 67–84):

»Jetzt sind Sie dran.«

Das Gegenüber ist mit seiner Äußerung fertig und möchte hören, was die Fachperson dazu zu sagen hat. Körpersprachlich wird die Aufforderung »Jetzt sind Sie dran!« mit einem direkten Blickkontakt und angedeuteten Kopfnicken zum Ausdruck gebracht und soll auch so verstanden werden. Schaut das Gegenüber die Fachperson also nicht direkt an, soll sie seine nächste Äußerung entspannt abwarten.

»Bitte nicht stören – ich denke nach ...«

Das Gegenüber hört auf zu sprechen, um nachzudenken (z. B. darüber, ob er bereits alle Punkte erwähnt hat oder wie er den nächsten Gedanken treffend formulieren soll). Körpersprachlich wird die Bitte »Nicht stören« dadurch ausgedrückt, dass das Gegenüber seinen Blick nach schräg oben richtet – ohne Interesse daran, was sich dort tatsächlich befindet. Ein solcher Blick verlangt also nach einer Denkpause.

»Bitte nicht stören – ich sinne nach ...«

Wer nachsinnt, beschäftigt sich innerlich mit Fragen nach seiner Stimmung/ Empfindung, überlegt, was ihm wichtig ist, wie er sich fühlt u. ä. – er tastet sich innerlich emotional ab. Während beim kognitiv ausgerichteten Nachdenken nach schräg oben geschaut wird, richten sich die Augen beim emotional ausgerichteten Nachsinnen leicht nach schräg unten – ebenfalls ohne Interesse daran, was sich dort tatsächlich befindet. Ein solcher Blick fordert also eine Nachsinn-Pause.

»Lass uns jetzt eine Weile schweigen.«

Es kommt zwar nicht allzu oft vor, aber kann gelegentlich passieren: Das Gegenüber beendet seine Äußerungen und möchte jetzt die Eindrücke »sacken lassen«. Dazu braucht es eine Stille, die nicht durch weiteres Sprechen gestört werden soll. Körpersprachlich wird dieses Bedürfnis mit einem »weiten« Blick in unbestimmte Ferne ausgedrückt – ebenfalls ohne Interesse daran, was sich dort tatsächlich befindet. Ein solcher Blick fordert also ungestörte Stille zum (gemeinsamen) Schweigen.

»Das ist mir jetzt peinlich ...«

Es passiert immer wieder, dass das Gegenüber plötzlich zu sprechen aufhört, weil ihm bewusst wird, dass er gerade etwas gesagt hat, was er eigentlich gar nicht erzählen wollte, oder weil er sich schämt – das ist eine Situation der inneren Not. Körpersprachlich wird sie durch betroffene Miene, Blick nach unten und gesenkten Kopf ausgedrückt. Die Fachperson sollte diese für das Gegenüber peinliche Situation behutsam (mit einem Themenwechsel?) beenden.

> **Exkurs zur Altenpflege**
>
> Frau H., 88 Jahre alt, lebt in einer Wohngruppe für Menschen mit Demenz. Sie ist fast taub, sehbehindert, kann die Uhr nicht ablesen und hat keinerlei Zeitgefühl. Ihre kognitiven Fähigkeiten sind stark beeinträchtigt, sie kann sich weder an kurz noch an länger zurückliegende Ereignisse erinnern und erkennt Personen aus ihrem unmittelbaren Umfeld oft nicht (mehr). Sie hat Schwierigkeiten, sich auf der Wohngruppe zu orientieren. Auf Körperkontakt/körperliche Nähe seitens der Fachpersonen reagiert Frau H. positiv, zu ihnen hat sie eine vertrauensvolle und liebevolle Beziehung, zu den Mitbewohner/innen nimmt sie kaum Kontakt auf.
>
> Da Frau H. sich kaum noch äußert und die verbalen Mitteilungen nicht versteht, beteiligt sie sich an keinem Gespräch mehr. Körpersprachlich signalisiert sie Unruhe und Desorientierung (reißt ihre Augen weit auf und hat einen gehetzten Gesichtsausdruck). Die Pflegekräfte sind im Kontakt mit Frau H. auf das Verhalten und die Mimik/Gestik angewiesen, die sie aus der Erfahrung mit ihr deuten müssen.
>
> Die diensthabende Kollegin beschrieb eine auf Körpersprache basierende Interaktion mit Frau H. wie folgt (hier sinngemäß wiedergegeben[4]):
>
> *Früh an einem Morgen stand Frau H. im Nachthemd vor ihrer Zimmertür. Sie schaute mal nach rechts, mal nach links, zuckte mit den Schultern, sagte nichts, ging wieder ins Zimmer und wieder auf den Flur. Sie wirkte verwirrt, unentschlossen und verzweifelt.*
>
> *Als sie wieder aus ihrem Zimmer rausgekommen ist, ging ich auf Frau H. zu, begrüßte sie, bot ihr meine Hände als Stütze an und überlegte kurz, was sie morgens nach dem Aufwachen wohl brauchen könnte. Ich sagte zu ihr fragend »Frau H., möchten Sie vielleicht ins Badezimmer gehen?« und ging mit ihr los in Richtung Bad. Sie lächelte mich an, nickte mit dem Kopf, ging bereitwillig mit und sah beruhigt/zufrieden aus.*
>
> *Nachdem Frau H. ihr Anliegen im Badezimmer erledigt hatte, bot ich ihr wieder meine Hände als Stütze an und führte sie zu ihrem Bett zurück, wo sie sich sichtlich entspannt hinlegte.*

---

4 Inhalte einer Situationsanalyse in der Weiterbildungsgruppe »Personzentriertes Arbeiten mit Elementen der Prä-Therapie« am 30.09.2019.

> Abschließend stellte die Kollegin fest, dass es hilfreich war, den Zusammenhang der körpersprachlichen Signale von Frau H. mit der aktuellen Situation einzuschätzen, um ihr Anliegen zu erkennen und seine Erledigung zu ermöglichen.

Fazit: Nicht nur das psychologische Theoriewissen, sondern auch das Wissen um die Körpersprache sowie die Berücksichtigung dieses Wissens im Berufsalltag gehört zur Personzentriertheit. Das empathische »Mitschwingen« im Befinden des Gegenübers ergibt den einen oder anderen brauchbaren Hinweis auf sein aktuelles Anliegen. Wird er ernst genommen, gelingt die Kommunikation mit dem zu unterstützenden Menschen besser und das Handeln der Fachperson kann präziser ausgerichtet werden.

Kleiner Wissenscheck zur personzentrierten Kommunikationsart

- Wie bezeichnet C. Rogers die Fachperson, die auf personzentrierte Art einen Menschen unterstützt?
- Was charakterisiert das Auftreten im Sinne von Kongruent-Sein?
- Was charakterisiert die bedingungslose positive Beachtung?
- Was charakterisiert das Auftreten im Sinne von Empathisch-Sein?
- Welche Interaktionsaspekte werden durch bewusste Orientierung am Gegenüber gestärkt?
- Welche Bedeutung hat die Körpersprache in der Kommunikation?

2.3 Das Personsein des Gegenübers bestätigen und stärken

In Anlehnung an T. Kitwood, der die Grundlagen einer personzentrierten Pflege bei an Demenz erkrankten Menschen erarbeitet hat, wird hier von einer interaktionistischen Verankerung des Begriffs »Person« ausgegangen: Ein Mensch kann sich als Person vor allem dann erleben und bestätigt fühlen, wenn ihm andere Menschen Respekt, Anerkennung und Vertrauen erweisen. Dies trägt zur Befriedigung von Bedürfnissen nach Identität, Beachtung, primärer Beziehung, Beschäftigung, Einbeziehung, Beistand und Trost bei (vgl. Kitwood 2000, 123 ff.).

2.3 Das Personsein des Gegenübers bestätigen und stärken

Folglich ist jeder Mensch hinsichtlich dessen, wie er sich als Person erlebt, auf die Kommunikation und Interaktion mit anderen angewiesen. Dieser Kontext ermöglicht die Beschreibung ganz konkreter Verhaltensformen, die das Personsein positiv beeinflussen, aber auch solcher, die es – wie Kitwood sagt – untergraben.

Folgende Handelns-/Verhaltensmerkmale der Fachperson wirken laut Kitwood im Personsein-erhaltenden Sinne (vgl. Kitwood 2000, 134 f. – hier eine bearbeitete und erweiterte Auflistung der Merkmale), denn der zu unterstützende Mensch erlebt und fühlt sich als ...

- *Person anerkannt*, wenn die Fachperson ihm mit einer offenen, vorurteilsfreien Haltung begegnet und davon ausgeht, dass alles Verhalten und Gesagte eine Bedeutung für ihn hat; wenn sie einen echten Kontakt herzustellen sucht mittels namentlicher Anrede, Zuwendung, Blickkontakt usw.
- *Verhandlungspartner*, wenn die Fachperson ihm die Kontrolle über die Situation ermöglicht, indem sie mit ihm verhandelt, nach Wünschen und Bedürfnissen fragt, ob etwas jetzt oder später, ob so oder anders, ob drinnen oder draußen stattfinden soll usw., seine diesbezüglichen Äußerungen ernst nimmt und berücksichtigt.
- der *Mitwirkende*, wenn die Fachperson Angebote macht, tätig, nützlich und somit selbstwirksam zu sein, indem er mit ihr zusammenarbeitet, seine Initiative und Fähigkeiten einbringt und sich so im Tun erlebt.
- der *Spaßhabende*, wenn ihm die Fachperson Raum für das spontane Tun und seinen Selbstausdruck gibt, zum Beispiel durch Spielen (= sich einfach so »just for fun« bewegen, singen, malen ...), und sein diesbezügliches Agieren unterstützt.
- der *lustvoll Lebende*, wenn die Fachperson ihm Möglichkeiten bietet, sich selbst zu spüren (somatisch, vestibulär, vibratorisch, visuell, audiorhythmisch, oral, olfaktorisch mittels Massage, Snoezelen, Schmecken, Riechen, Tasten ...), und dadurch Sinnesvergnügen ohne geistige bzw. intellektuelle Ansprüche ermöglicht.
- der *Feiernde*, wenn ihm die Fachperson Möglichkeiten zum freud- und humorvollen Miteinander mittels Geselligkeit, Stimmung, Freude und Zusammensein im Kontext alltäglicher sowie besonderer Anlässe anbietet.
- der *Entspannte*, wenn die Fachperson im ermöglicht zur Ruhe zu kommen, sich zurückzuziehen und zu entspannen, indem sie Tempo und Intensität bei der Erledigung von Aufgaben niedrig hält und nicht hetzt, sodass der Alltag Behagen ausstrahlt und das Geschehen ruhig verläuft; auch die Befriedigung seines Bedürfnisses nach körperlicher Nähe gehört dazu.

- der *Gestärkte*, wenn die Fachperson seine subjektive Wirklichkeit ernst nimmt, vor allem seine Gefühle und Bedürfnisse akzeptiert und seine Lebensgeschichte würdigt.
- der *Gehaltene*, wenn die Fachperson ihm Halt durch einen sicheren psychologischen Raum gibt, indem sie z. B. in emotional schwierigen Situationen (z. B. tiefer Trauer, Angst) präsent, beständig und selbstsicher bleibt; auch körperlicher Halt gehört dazu (sie gibt ihm die Hand, stützt ihn beim Gehen u. ä., wenn er das wünscht).
- der *Unterstützte*, wenn die Fachperson ihn dabei unterstützt, Handlungen selbstständig aus- und zu Ende zu führen, und nur die Teile der Handlung übernimmt, die er selbst nicht schafft; wenn sie ihn die Verrichtungen in seinem Tempo machen lässt; wenn sie das Gelungene lobt und das Misslungene akzeptiert.
- der *Kreative*, wenn die Fachperson ihm Kreatives und Schöpferisches (Tanz, Singen, Malen, Gestalten ...) anbietet.
- der *Gebende*, wenn die Fachperson ihm ermöglicht, sich für andere Menschen einzusetzen, für sie da zu sein, ihnen zu geben – durch Zuneigung, Besorgt-Sein, Dankbarkeit, Hilfe, Geschenke ...

Bekanntlich hat jede Münze zwei Seiten – kein Mensch, also auch keine Fachperson, kann rund um die Uhr nur professionell personzentriert-mitmenschlich auftreten. Aus welchem Grund auch immer das nicht gelingen mag – ein aufgabenbezogenes, ichbezogenes, Macht ausübendes u. ä. Verhalten von Fachpersonen findet in den Praxisfeldern der sozialen Berufe leider immer wieder statt. Niemand ist davor sicher. Häufig wird der Fachperson diese ihre Verhaltensweise erst im Nachhinein bewusst. Sie hat – mit Kitwood formuliert – eine das Personsein untergrabende Wirkung. Diese gilt es zu erkennen, die Häufigkeit ihres Auftretens durch bewusste Selbststeuerung soweit wie möglich zu verringern und durch die o. g., das Personsein erhaltenden Handelns-/Verhaltensweise zu ersetzen.

Wer sich das Personsein untergrabend verhält (vgl. Kitwood 2000, 75 f. – hier eine bearbeitete und erweiterte Auflistung der Merkmale), bewirkt Folgendes: Der zu unterstützende Mensch erlebt und fühlt sich ...

- als der *Betrogene*, wenn die Fachperson täuscht, ablenkt, manipuliert.
- *zur Machtlosigkeit verurteilt*, wenn die Fachperson nicht erlaubt bzw. verhindert, dass er seine Fähigkeiten nutzt; wenn sie ihn nicht unterstützt.
- *wie ein Kind behandelt*, wenn die Fachperson zu väterlich bzw. mütterlich bestimmend ist; wenn sie mit ihm wie mit einem Baby spricht und umgeht.

- *mutlos und eingeschüchtert*, wenn die Fachperson ihm irgendwelche Konsequenzen androht, ihm Angst macht oder sogar psychische bzw. physische Gewalt ausübt.
- *etikettiert/stigmatisiert*, wenn die Fachperson ihn im Ganzen anhand einer Eigenschaft oder Erfahrung bewertet bzw. ihn wie ein Symptom bezeichnet und behandelt.
- *überholt*, wenn die Fachperson zu schnell spricht bzw. handelt, sodass er nicht mithalten kann.
- *verbannt*, wenn die Fachperson ihn fortschickt, ihn vom Geschehen ausschließt.
- *zum Objekt gemacht*, wenn die Fachperson ihn ohne Rücksicht bzw. Bezug auf sein Befinden behandelt, wenn sie an ihm arbeitet, als ob er ein Gegenstand wäre.
- *fremdbestimmt*, wenn die Fachperson ihm die Wahlmöglichkeit verweigert, seine Wünsche missachtet, wenn sie bestimmt, was er zu tun und zu lassen hat.
- *ausgebremst bzw. unterbrochen*, wenn die Fachperson seine Handlung, Rede, Überlegung u. ä. stört; wenn sie seine Aktivitäten unterbricht; wenn sie keine Geduld hat.
- *nicht ernst genommen und/oder ignoriert*, wenn die Fachperson seine subjektive Realität (insbesondere seine Gefühle) nicht wahrnimmt und nicht gelten lässt, sie herabsetzt und ins Lächerliche zieht.
- *angeklagt und herabgewürdigt*, wenn die Fachperson ihn der Unfähigkeit beschuldigt, ihm Nutzlosigkeit oder Inkompetenz vorwirft, sich über sein Aussehen oder Verhalten lustig macht.

Die hier kurz beschriebene Konkretisierung von Verhaltensmerkmalen, die das Personsein unterstützen oder aber untergraben, gibt den Fachpersonen eine gute Orientierungsmöglichkeit hinsichtlich der eigenen Art, mit den zu unterstützenden Menschen bewusst unterstützend zu interagieren und zu kommunizieren.

Es geht darum zu erkennen, welche das Personsein erhaltenden und das Personsein untergrabenden Merkmale das eigene Verhalten in welchen Situationen und bei welchem zu unterstützenden Menschen aufweist. Erst mit dieser Erkenntnis können die nicht erwünschten Merkmale abgebaut (= ihre Häufigkeit verringert) und die positiv wirkenden verstärkt (= ihre Häufigkeit erhöht) werden.

Das ist ein schwieriges Unterfangen, denn es heißt, die Selbstbeobachtung, Reflexion und Übung in den Berufsalltag einzubauen. Diese Aufgabe erfordert Achtsamkeit während der Interaktion und ein Mindestmaß an Ehrlichkeit bei der Reflexion des eigenen Auftretens. Hierbei ist i. d. R. die Rückmeldung eines

Kollegen/einer Kollegin, aber auch (dort, wo es möglich ist) des zu unterstützenden Menschen selbst sehr hilfreich.

Die beiden untenstehenden Reflexionshilfen unterstützen eine solche »Selbsterforschung«. Durch ehrliche und genaue Reflexion (bei welchem Gegenüber und in welcher Situation das eigene Verhalten welche von den unterstützend bzw. untergrabend wirkenden Merkmalen aufweist) gewinnt man eine Orientierung, die in bewusste Selbststeuerung hin zu einem Mehr an das Personsein erhaltenden Interaktionen übergehen kann.

Selbsterforschungshilfe »Personsein erhaltende Verhaltensmerkmale«

Es geht um die Einschätzung der Häufigkeit von Personsein erhaltenden Verhaltensmerkmalen, d. h. denjenigen Umgangsformen, die das Wohlbefinden des zu unterstützenden Menschen positiv beeinflussen: Er fühlt sich als Person mit eigener Sicht-, Denk- und Handlungsweise ernst-/angenommen und folglich respektiert. Gehen Sie wie folgt vor:

- Wählen Sie eine Person aus Ihrem Berufsalltag aus, mit der Sie in letzter Zeit viel zu tun hatten.
- Kreuzen Sie bei jedem der unten angegebenen Verhaltensmerkmale an, wie häufig es in Ihrer alltäglichen Interaktion mit dieser Person vorkommt (FP steht für Fachperson). Erfassen Sie die letzten drei bis vier Wochen.
  Zur Auswahl stehen folgende Einschätzungen: fast nie, selten, oft, fast immer.

Tab. 3: Übersicht »Personsein erhaltende Verhaltensmerkmale«

Merkmal	Häufigkeit des Auftretens			
	fast nie	selten	oft	fast immer
Anerkennung als Person (FP wendet sich zu, redet namentlich an, nimmt Blickkontakt auf)	☐	☐	☐	☐
Verhandlung (FP fragt nach Wünschen, Bedürfnissen, Meinungen u. ä./nimmt sie ernst)	☐	☐	☐	☐
Zusammenarbeit (FP bietet Erledigung von Alltagsaufgaben im gemeinsamen Tun an)	☐	☐	☐	☐
Spiel (FP unterstützt spontane Handlung und spielerische Form des Selbstausdrucks)	☐	☐	☐	☐

2.3 Das Personsein des Gegenübers bestätigen und stärken

Tab. 3: Übersicht »Personsein erhaltende Verhaltensmerkmale« – Fortsetzung

Merkmal	Häufigkeit des Auftretens			
	fast nie	selten	oft	fast immer
Sinnlichkeit (FP bietet Sinnesvergnügen ohne geistige/intellektuelle Ansprüche an)	☐	☐	☐	☐
Feiern (FP fördert Geselligkeit, Stimmung, Freude und Zusammensein im Alltag)	☐	☐	☐	☐
Entspannte Atmosphäre (FP hält Tempo/Intensität bei Verrichtungen niedrig, ist gelassen)	☐	☐	☐	☐
Bestätigung (FP lässt subjektive Wirklichkeit, Gefühle gelten, respektiert und würdigt sie)	☐	☐	☐	☐
Halten (FP strahlt aus »Du darfst so sein ...«, gibt die Hand, stützt, umarmt auf Wunsch u. ä.)	☐	☐	☐	☐
Alltagserleichterung (FP übernimmt das, was nicht klappt, lobt Gelungenes, ermutigt u. ä.)	☐	☐	☐	☐
Kreativität (FP bietet Gelegenheiten zum Tanzen, Singen, Malen, Gestalten u. ä. an)	☐	☐	☐	☐
Geben ermöglichen (FP fördert das Sich-Einbringen, anderen Helfen, Zuneigung Zeigen u. ä.)	☐	☐	☐	☐

Führen Sie nun eine qualitative Analyse der eingeschätzten Häufigkeiten durch. Schauen Sie genau und ehrlich bei sich selbst: Woran mag es liegen, dass Sie in der Interaktion/Kommunikation mit der ausgewählten Person die Merkmale so häufig zeigen, wie Sie das eingeschätzt haben?

In der Regel liegen die Gründe auf der *Beziehungsebene* (sympathisch – nicht sympathisch), auf der aktuellen *Verfassungsebene* (die FP fühlt sich nicht wohl, leidet, hat persönliche Probleme ...) und auf der *Situationsebene* (Unruhe, Hektik, Zeitnot, Personalmangel ...).

Überlegen Sie dann, was Ihnen dabei helfen könnte bzw. was anders werden müsste, wenn Sie die Häufigkeit der mit »fast nie« und »selten« angegebenen Merkmale erhöhen wollen.

Selbsterforschungshilfe »Personsein untergrabende Verhaltensmerkmale«

Es geht um die Einschätzung der Häufigkeit von Personsein untergrabenden Verhaltensmerkmalen, d. h. denjenigen Umgangsformen, die das Wohlbefinden des zu unterstützenden Menschen negativ beeinflussen: Er fühlt sich als Person mit eigener Sicht-, Denk- und Handlungsweise infrage gestellt, nicht ernst-/angenommen und folglich auch nicht respektiert. Gehen Sie wie folgt vor:

- Wählen Sie eine Person aus Ihrem Berufsalltag aus, mit der Sie in der letzten Zeit viel zu tun hatten.
- Kreuzen Sie bei jedem der unten angegebenen Verhaltensmerkmale an, wie häufig es in Ihrer alltäglichen Interaktion mit dieser Person vorkommt (FP steht für Fachperson). Erfassen Sie die letzten drei bis vier Wochen.
  Zur Auswahl stehen folgende Einschätzungen: fast nie, selten, oft, fast immer.

Tab. 4: Übersicht »Personsein untergrabende Verhaltensmerkmale«

Merkmal	Häufigkeit des Auftretens			
	fast nie	selten	oft	fast immer
Betrug/Vorenthaltung (FP täuscht, lenkt ab, manipuliert u. ä. – auch »gut gemeint«)	☐	☐	☐	☐
Machtlosigkeit (FP erlaubt die Einflussnahme nicht, unterstützt nicht, ignoriert Fähigkeiten …)	☐	☐	☐	☐
Infantilisierung (FP behandelt wie ein Kind, ist zu väterlich/mütterlich bestimmend u. ä.)	☐	☐	☐	☐
Einschüchterung (FP droht, macht Angst, verunsichert, übt psychische/physische Gewalt aus)	☐	☐	☐	☐
Etikettierung/Stigmatisierung (FP bewertet die ganze Person anhand eines Merkmals/Symptoms)	☐	☐	☐	☐
Überholung (FP spricht/handelt zu schnell, akzeptiert die Langsamkeit nicht)	☐	☐	☐	☐
Ignoranz (FP nimmt subjektive Realität und Gefühle nicht wahr/ernst, setzt sie herab u. ä.)	☐	☐	☐	☐
Verbannung (FP schickt fort, schließt aus, verhindert Teilnahme u. ä.)	☐	☐	☐	☐

Tab. 4: Übersicht »Personsein untergrabende Verhaltensmerkmale« – Fortsetzung

Merkmal	Häufigkeit des Auftretens			
	fast nie	selten	oft	fast immer
Objektmachung (FP behandelt ohne Bezug auf subjektives Befinden, wie einen Gegenstand)	☐	☐	☐	☐
Zwang (FP verweigert die Wahlmöglichkeit, missachtet Wünsche, bestimmt)	☐	☐	☐	☐
Unterbrechung (FP stört Überlegungen, Handeln, Rede u. ä., hat keine Geduld)	☐	☐	☐	☐
Lästern (FP wirft Unfähigkeit, Nutzlosigkeit u. ä. vor, lacht über Verhalten, Aussehen u. ä.)	☐	☐	☐	☐

Führen Sie nun eine qualitative Analyse der eingeschätzten Häufigkeiten durch. Schauen Sie genau und ehrlich bei sich selbst: Woran mag es liegen, dass Sie in der Interaktion/Kommunikation mit der ausgewählten Person die Merkmale so häufig zeigen, wie Sie das eingeschätzt haben?

In der Regel liegen die Gründe auf der *Beziehungsebene* (sympathisch – nicht sympathisch), auf der aktuellen *Verfassungsebene* (die FP fühlt sich nicht wohl, leidet, hat persönliche Probleme ...) und auf der *Situationsebene* (Unruhe, Hektik, Zeitnot, Personalmangel ...).

Überlegen Sie dann, was Ihnen dabei helfen könnte bzw. was anders sein müsste, wenn Sie die Häufigkeit der mit »oft« und »fast immer« eingeschätzten Merkmale verringern wollen.

Kleiner Wissenscheck zur Unterstützung des Personseins

- Nennen Sie diejenigen Personsein erhaltenden Interaktionsmerkmale, die Sie selbst in Ihrem Umgang mit den zu unterstützenden Menschen ...
  - schon immer gezeigt haben und auch weiterhin zeigen werden,
  - noch nicht gezeigt haben, aber demnächst gern zeigen würden,
  - schon gern zeigen würden, jedoch – bedingt durch widrige Umstände/ungünstiges Setting – nicht zeigen können.
- Nennen Sie diejenigen Personsein untergrabenden Interaktionsmerkmale, die Sie selbst in Ihrem Umgang mit den zu unterstützenden Menschen ...
  - auf keinen Fall/niemals zeigen,
  - zwar nicht zeigen wollen, jedoch – bedingt durch widrige Umstände/ungünstiges Setting – letzten Endes doch zeigen.

2.4 Die Bedürfnisse des Gegenübers ernst nehmen

In unserer Kultur ist das allgemein verbreitete Menschenbild von der christlich verankerten Philosophie und Ethik geprägt. In der Berufsvorbereitung von Fachpersonen in sozialen Berufen kommt noch ergänzend die psychologische Sichtweise hinzu. Diese belegt und geht davon aus, dass jeder Mensch

- eine ganzheitliche, untrennbare Einheit (Körper-Seele-Geist) ist.
- prinzipiell sein Tun auf Wachstum (Entfaltung von Potentialen) und Arrangement mit den Lebensbedingungen (Konstruktivität) ausrichtet.
- auf seine sozialen Bezüge existentiell angewiesen ist (soziales Wesen).
- bestrebt ist, sein Leben selbst zu bestimmen (Autonomie), ihm Sinn und Ziel zu geben (Subjektlogik) und auf das Ziel ausgerichtet zu handeln (Aktivität, Selbstwirksamkeit).

Das Empfinden, Denken und Verhalten des Menschen werden u. a. auch von einem grundlegenden Bedürfnis beeinflusst,

- von Menschen unterstützt zu werden, die annehmend, nicht bewertend, empathisch handelnd und unverstellt sind (sich sicher, geborgen und wertvoll erleben),
- von anderen – vor allem von den »wichtigen Personen« – wahr- und ernst genommen zu werden (sich als beachtet erleben),
- die ihm subjektiv wichtigen Dinge (Wahrnehmung, Gefühl, Interesse, momentanes Befinden, Gedanken ...) zum Ausdruck zu bringen,
- sich am Geschehen zu beteiligen und darauf Einfluss zu haben (sich dazugehörig und wirksam erleben).

Neben diesen grundlegenden Bedürfnissen, welche unabhängig vom Alter, Zustand und Verfassung sind, existieren auch individuelle, spezifische Bedürfnisse. Diese entstehen im Kontext subjektiver Erklärungen und Schlussfolgerungen hinsichtlich der erlebten Möglichkeiten, Grenzen, Entwicklungen, Lebenslagen, Erfolgen, Niederlagen, Bewertungen usw.

Die Sicht- und Handlungsweise der Fachperson und die Bedürfnisse des zu unterstützenden Menschen hängen eng zusammen:

- Die Befriedigung von Bedürfnissen ist ein wichtiger (mit)bestimmender Faktor der Empfindung und Handlung jedes Menschen.

- Es gilt, dass insbesondere die existentiellen Bedürfnisse fast nur unter Mitwirkung des sozialen Umfeldes befriedigt werden können.
- Im Berufsalltag stellt die Kommunikation und Interaktion zwischen der Fachperson und dem zu unterstützenden Menschen ein Grundgebiet der Bedürfnisbefriedigung dar.
- Die Mitmenschlichkeit der Fachperson offenbart sich vor allem in der Art, wie sie die Bedürfnisse des zu unterstützenden Menschen wahr- und ernst nimmt.

Ausgehend vom o. g. Menschenbild ist also jedes Individuum imstande wahrzunehmen, zu erleben, das Erlebte zu verarbeiten, mit anderen Menschen in Kontakt zu treten und sich mitzuteilen. Diese Fähigkeiten können zwar durch organische Schädigung oder psycho-soziale Faktoren mehr oder weniger eingeschränkt sein, ganz verschwinden können sie jedoch nicht.

Folglich sind auch Menschen mit geistiger Behinderung, psychischer Erkrankung oder mit Demenz bemüht, im Rahmen ihrer Möglichkeiten ihre Bedürfnisse zu befriedigen. Was nicht leicht ist, weil sie dabei manche Hindernisse überwinden müssen – beginnend mit eingeschränkten Kommunikationsfähigkeiten (Entwicklungsverzögerung, geistige Behinderung, psychische Erkrankung, Altersdemenz ...) über unzureichende bzw. gänzlich fehlende Chancen zu eigenständigen Befriedigungsaktivitäten (Fremdbestimmung/Verbote/Einschränkungen durch Systemgewalt in Einrichtungen, aber auch Armut bzw. kulturell bedingte Exklusion ...) bis hin zu einem Verhalten, welches von der sozialen Umwelt als nicht verständlich, verwirrt und häufig als störend wahrgenommen und als inakzeptabel betrachtet wird – mit entsprechenden Folgen aufseiten der Fachwelt in Form von Verboten, Manipulation, Strafen u. ä. (auch Therapien gehören hierzu).

Doch der zu unterstützende Mensch lässt i. d. R. nicht locker und verstärkt nur seine Bemühungen. Die Interaktion/Kommunikation mit ihm mündet dann nicht selten in einem (für beide Seiten) belastenden und frustrierenden Macht-/Bestimmungskampf.

Dieser Frustration lässt sich vorbeugen, wenn die Fachperson versucht, auf den – meistens schwer erkennbaren – Bedürfniskontext der unverständlichen/verwirrenden/störenden Verhaltens- bzw. Ausdrucksweise des zu unterstützenden Menschen einzugehen und ihn bei der Bedürfnisbefriedigung so weit wie möglich zu unterstützen. Hierbei kann eine Bestandsaufnahme der Bedürfnislage hilfreich sein.

> **Exkurs zur Erziehungshilfe: Und trotzdem stehe ich dir bei …**
> *(aus der Praxiserfahrung des Autors)*
> Der achtjährige Stefan, der in einem Kinderheim lebt, wird zunehmend im Dienst desjenigen Erziehers auffällig, der sich als seine Bezugsperson versteht. Es gibt keine nachvollziehbare Erklärung für diese Tatsache, weil der Kollege dem Jungen keinerlei Anlass für das auffällige Verhalten gibt. Im Gegenteil, er bemüht sich um Stefan sehr. Dieser selbst erklärt nichts und verhält sich weiterhin diesem Erzieher gegenüber sehr verletzend.
>
> So fängt der Kollege allmählich an zu glauben, dass es um irgendeine persönlich gemeinte Rache geht, weil der Junge bei anderen Erziehern nicht so negativ auffällt. Erst mit Hilfe der Fallbesprechung und Supervision kann der Erzieher begreifen, was sich auf der Beziehungsebene zwischen ihm und dem Kind abspielt und welche Rolle er selbst dabei spielt:
>
> - Stefan hat in zerrütteten Familienverhältnissen gelernt, dass akute Not nur durch massive Auffälligkeit zur Kenntnis genommen wird.
> - Als seine Mutter mehrere Wochen lang die geplanten Besuche ersatzlos abgesagt hat, fühlte sich Stefan von ihr vergessen – es entstand für ihn eine existenzbedrohende Notsituation (seine Bedürfnisse nach Liebe, Zugehörigkeit und Beachtung konnten nicht befriedigt werden).
> - Er setzte die altbewährte Art ein und wurde seinem Erzieher gegenüber massiv auffällig, weil er von ihm als seiner Bezugsperson Aufmerksamkeit, Interesse für die bedrohliche Lage und Hilfe erzwingen wollte.
>
> Mit der »Erforschung« von Stefans subjektiver Sicht-, Denk- und Handlungsweise wie auch seiner belastenden und frustrierenden Bedürfnislage (er sehnt sich nach dem Kontakt mit seiner Mutter) war es dem Kollegen möglich, unterstützend zu agieren: Er regte die Wiederaufnahme der Kontakte seitens der Mutter an. Dadurch konnte sich Stefans Notsituation entschärfen, er brauchte das »rettende« auffällige Signalverhalten nicht mehr, und sein Verhalten dem Erzieher gegenüber veränderte sich positiv. Die Beziehung zwischen ihm und seinem Erzieher hat die Belastungsprobe überstanden und wurde wieder tragfähig.
>
> Auch das ist eine wichtige Form des Personzentrierten Arbeitens – außerhalb der direkten Ich-Du-Interaktion die Wirkung von Gegebenheiten/Zuständen/Erfahrungen/Lernprozessen auf das Empfinden, Denken, Verhalten und die Bedürfnisse der zu unterstützenden Person zu unter-

2.4 Die Bedürfnisse des Gegenübers ernst nehmen

suchen, um aus dem Verstehen der Zusammenhänge dann die belastende Bedürfnislage so weit wie möglich zu »entschärfen«.

Selbsterforschungshilfe »Bedürfnisse – eine Bestandsaufnahme«

Wählen Sie eine Person, mit der Sie im Berufsalltag viel zu tun haben und die sich manchmal/immer wieder/oft auf eine kaum nachvollziehbare/unverständliche/belastende Art und Weise verhält. Vergegenwärtigen Sie sich diese Person mit allen ihren Vorlieben, Gewohnheiten, Ängsten, Freuden, Lebensereignissen, Erfahrungen, Wichtigkeiten ... und versuchen Sie die Bedürfnislage dieser Person einzuschätzen.

Kreuzen Sie in der Tabelle an, inwieweit bei dieser Person die dort angegebenen Bedürfnisse Ihrer Meinung nach befriedigt werden. Überlegen Sie dann, was Sie bei den nur »zum Teil« bzw. »nicht« befriedigten Bedürfnissen konkret tun können, um zur Befriedigung beizutragen. Notieren Sie diesbezügliche Ideen und setzen Sie sie dann in Ihrem alltäglichen Handeln um.

Tab. 5: Übersicht »Bedürfnisse – eine Bestandsaufnahme«

Bedürfnis	voll befriedigt	zum Teil befriedigt	nicht befriedigt	Womit/wie kann ich die Befriedigung unterstützen?
Nahrung	☐	☐	☐	
Erholung, Schlaf	☐	☐	☐	
Sexualität	☐	☐	☐	
Schutz und Sicherheit	☐	☐	☐	
Liebe und Geborgenheit	☐	☐	☐	
Zugehörigkeit	☐	☐	☐	
Aktivität und Einflussnahme	☐	☐	☐	
Etwas können und schaffen	☐	☐	☐	
Beachtung und Selbstachtung	☐	☐	☐	

Tab. 5: Übersicht »Bedürfnisse – eine Bestandsaufnahme« – Fortsetzung

Bedürfnis	voll befriedigt	zum Teil befriedigt	nicht befriedigt	Womit/wie kann ich die Befriedigung unterstützen?
Lernen und Wachsen	☐	☐	☐	
Die Welt verstehen	☐	☐	☐	

Wichtig: Neben der spezifischen Wirkung (Orientierung in der Bedürfnislage und in den Möglichkeiten/Grenzen des eigenen Handelns) hat die Bestandsaufnahme noch eine wichtige unspezifische Wirkung:

Indem Sie die ausgewählte Person bewusst wahrnehmen und sich mit ihr beschäftigen, erfährt diese von Ihnen Aufmerksamkeit, Kontakt und Beachtung (das trägt schon an sich zur Befriedigung des Bedürfnisses nach Beachtung und Selbstachtung bei).

Kleiner Wissenscheck zum Ernstnehmen der Bedürfnisse des Gegenübers

- Wie lassen sich die Bedürfnisse eines anderen Menschen erkennen?
- Bei welchen Bedürfnissen aus der o. g. Bestandsaufnahme lässt sich im Berufsalltag die Befriedigung gut unterstützen (bitte ein Beispiel nennen) und bei welchen wird dies schwierig bis unmöglich (bitte begründen)?
- Welche wichtigen Bedürfnisse werden in Ihrem Berufsalltag wie befriedigt bzw. welche bleiben unbefriedigt?

2.5 Das Selbstwertgefühl des Gegenübers positiv stärken

Im *personzentrierten Ansatz* von C. Rogers nimmt das *Selbstkonzept*-Modell eine herausragende Position ein. Es handelt sich um einen Entwurf von sich selbst, der vom Individuum aus der Konfrontation von Eigen- gegen Fremdbewertung im Kontext des Alltagslebens konstruiert wird. Wird das Individuum häufig/immer wieder von wichtigen Anderen als Person infrage gestellt/ negativ bewertet, spiegelt sich das in seinem Selbstwertgefühl wider. Das

Individuum sieht sich durch die Brille der Fremdbewertungen, ist unsicher und ängstlich in Bezug auf eigene Gefühle, Gedanken, Entscheidungen und Handlungen.

In diesem Fall ist der belastende Zustand der Inkongruenz nicht weit – das Individuum ist zwar von Natur aus auf die Entfaltung von angeborenen Potentialen ausgerichtet, traut sich jedoch nicht zu, die dafür notwendigen neuen Erfahrungen zu machen und sich auf eigene Bewertungen stützend zu agieren.

In der *Motivationstheorie* von A. Maslow spielen die *Bedürfnisse* eine herausragende Rolle. Sie entstehen infolge eines temporären bzw. auch langfristig andauernden Ungleichgewichts auf bio-psycho-sozialer Ebene und regen das Individuum zu Aktivitäten an, die auf die Wiederherstellung des Gleichgewichts ausgerichtet sind. Unter die sozial bedingten Bedürfnisse fällt auch das Bedürfnis nach Beachtung (Anerkennung/Geltung/Respekt) und Selbstachtung. Erfährt das Individuum von wichtigen Anderen wenig bzw. gar keine Beachtung, kann es sich selbst kaum mit Achtung sehen. Das wirkt sich negativ auf sein Selbstwertgefühl aus – es traut sich nur wenig bis gar nichts zu, worauf andere Menschen mit Anerkennung und Respekt reagieren könnten.

Zugleich entsteht eine zwiespältige Lage, weil es sich doch nach positiven Rückmeldungen seitens der sozialen Umwelt sehnt. In diesem Fall ist eine Frustration im Kontext nicht befriedigter Bedürfnisse so gut wie vorprogrammiert. Entweder steigt dann die Aggressivität, oder aber das Individuum resigniert und trägt das Ungleichgewicht in sich.

In der *Individualpsychologie* von A. Adler stellt das *Selbstwertgefühl* den Dreh- und Angelpunkt des Lebensstil-Modells dar. Während der frühen Kindheit wird jeder Mensch mit seiner eigenen Beschaffenheit sowie mit Gegebenheiten konfrontiert, die sein alltägliches Leben im engen familiären Umfeld charakterisieren. Aus der eigenen Bewertung dieser Tatsachen und aus dem – von wichtigen Anderen vermittelten – Stellenwert des Kindes für seine soziale Umwelt konstruiert es seine innere Überzeugung vom eigenen Wert, von anderen Menschen und von der Welt. Sie beeinflusst stark die Wahrnehmung der alltäglichen Ereignisse, deren Deutung und auch die Reaktionen des Kindes. So festigt sich nach und nach eine selbstwertbedingte subjektlogische Erlebens-, Denk- und Handlungsweise des heranwachsenden Menschen – der Lebensstil.

Das Individuum ist nach A. Adler in allen Alltags- und Lebensaktivitäten grundsätzlich auf die Überwindung von Erschwernissen ausgerichtet (dabei entwickelt es sich und wächst), es will also »oben stehen«. Das Selbstwertgefühl steuert diesbezügliche Aktivitäten wie folgt: Ist es positiv/zuversichtlich, stellt sich der Mensch seinen Aufgaben und übt Macht über sie aus (erledigt sie). Ist es negativ/zweifelnd, weicht der Mensch den Aufgaben aus, und (weil er ja »oben stehen will«) übt er dort Macht aus, wo es ihm am einfachsten erscheint – vor allem in der sozialen Umwelt (rechtfertigt seine Passivität, erzwingt Hilfe, manipuliert, bestimmt usw.; es gibt nichts, was zu diesem Zweck nicht einsetzbar wäre). Auf diesem Ersatz-Machtfeld deutet er die Reaktionen Anderer als Beweis eigener Wichtigkeit, seine Entwicklung im Kontext der Alltags- und Lebensbewältigung stockt jedoch.

Die *soziale Lerntheorie* von A. Bandura hebt die Wichtigkeit von *Vorbildern* für die Lernprozesse hervor. Für eine Unterstützung des positiven Selbstwertgefühls ergibt sich daraus die Tatsache, dass die Fachperson mit ihrem sich im Umgang mit dem zu unterstützenden Menschen offenbarenden Selbstwertgefühl als eine nachahmungswürdige VIP wirkt. Das Gegenüber »kupfert« das Verhalten der Fachperson einfach ab und setzt es dort ein, wo es damit ein »Oben-Sein« erreichen kann.

Beim positiven Selbstwertgefühl entsteht eine sachbezogene Herangehensweise, die auf die Bewältigung von Alltags- und Lebensaufgaben ausgerichtet ist. Beim negativen Selbstwertgefühl entsteht eine ichbezogene, ausweichende und kompensierende Herangehensweise, die auf Bestimmung und Machtausübung über andere Menschen ausgerichtet ist.

Soweit die Theorie, aus der eine wichtige Teilaufgabe beim Personzentrierten Arbeiten abgeleitet werden kann: Wer personzentriert arbeitet, kommt an positiver Stärkung des Selbstwertgefühls beim Gegenüber nicht vorbei.

In der praktischen Umsetzung kann man davon ausgehen, dass viele kurze persönliche Signale der Annahme und Beachtung im Verlauf der gemeinsam verbrachten Zeit (Blickkontakt, Anrede mit Namen, Zuwendung, Berührung, Interesse am Befinden, Beteiligungsmöglichkeiten, Entscheidungsspielraum, Lob und Anerkennung, gemeinsame Erlebnisse usw.) nicht nur das Personsein des Gegenübers unterstützen, sondern dass sie positiv und verstärkend auf sein Selbstwertgefühl wirken und somit die Erlebensqualität der gemeinsam verbrachten Zeit steigern. Und zwar – das ist nicht weniger wichtig – nicht nur bei dem zu unterstützenden Menschen, sondern auch bei der Fachperson.

Hier folgen einige Hinweise auf konkrete Wirkungsfaktoren, die bei bewusster Gestaltung der Interaktion/Kommunikation mit dem Gegenüber dazu beitragen, dass sein Selbstwertgefühl viele positive Anregungen bekommen kann.

Nach dem Motto »Einmal ist keinmal« ist es allerdings erforderlich, dass die Fachperson die Hinweise im Umgang mit dem zu unterstützenden Menschen mit Durchhaltevermögen und Zuversicht umsetzt.

2.5 Das Selbstwertgefühl des Gegenübers positiv stärken

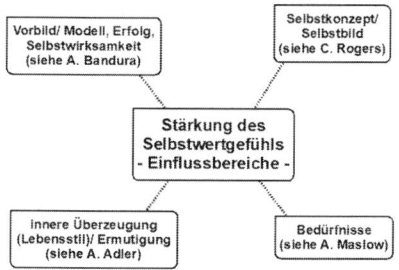

Abb. 7: Einflussbereiche für Stärkung des Selbstwertgefühls

Wie kann man das Selbstwertgefühl des zu unterstützenden Menschen positiv stärken?

Aus dem umfangreichen und mittlerweile allgemein verbreiteten Fundus vieler diesbezüglicher Ausführungen aus der Individualpsychologie, Entwicklungspsychologie und Erziehungswissenschaft, angereichert durch die eigene Erfahrung des Autors, lassen sich folgende konkrete Auftretens- und Handlungshinweise zusammenstellen, die mit ziemlicher Sicherheit einen positiven Einfluss auf das Selbstwertgefühl des zu unterstützenden Menschen haben können.

Selbstverständlich bringen diese Hinweise nur dann die erwünschte Wirkung, wenn die Fachperson sie kongruent (also nicht nur als Maske und Mittel zum Zweck) und immer wieder (also als Grundton des Umgangs mit dem Gegenüber) offenbart.

- Annehmende *Präsenz* zeigen
  Da sein, ohne nebenbei noch etwas zu machen (telefonieren, SMS, Facebook, Gedanken an Urlaub ...), zugewandt sein, aufmerksam zuhören, Zuneigung zeigen, Zeit schenken, Kontaktfreude zeigen.
- *Warmherzig* sein
  Emotionale Wärme geben, Gefühle zulassen, trösten bzw. sich mitfreuen, Schutz und Sicherheit geben.
- *Wertschätzend* sein
  Äußerungen ernst nehmen, sich für Gedanken/Gefühle/Erlebnisse wirklich interessieren, vertrauen, fragen lassen, Meinungen akzeptieren/stehen lassen/ernst nehmen, die Bemühung, Teilfortschritte und Erfahrung des Gegenübers würdigen.
- *Realistisch* sein
  Das Gegenüber nicht nur mit seinen Möglichkeiten und Fähigkeiten, sondern auch mit seinen Grenzen akzeptieren.

- *Beachtung* zeigen
  Zutrauen zeigen, ausprobieren lassen, sich für die Vorgehensweise des Gegenübers und seine Ideen interessieren, das Tun und das Gelungene/Erreichte fokussieren, Stärken/Fähigkeiten hervorheben, anerkennen.
- *Selbstwirksamkeit* fördern
  Machen lassen, Mitwirken/Beteiligung/Teilhabe ermöglichen, Erfolg erleben lassen, nur auf Bitte/Anforderung des Gegenübers helfen/behilflich sein, sich mit ihm gemeinsam über sein Weiterkommen – und sei es noch so klein – freuen.
- Das *Lernen aus Fehlern* ermöglichen
  Bei Misserfolg beistehen, Rückendeckung geben, zum neuen Versuch ermutigen, auf das Mögliche hinweisen, Zuversicht stärken, unterstützen, Anregungen vorschlagen statt Anweisungen/Ratschläge überzustülpen.
- das *Person-Sein* schützen
  Treten Komplikationen und Probleme auf, dann die Sache betrachten und nicht die Person des Gegenübers; nur sach-/verhaltensbezogene Bewertung (sowohl Lob als auch Kritik), kein Vergleich mit anderen.
- *Vorbild* sein
  Verlässlich/zuverlässig sein, freundlich sein ohne Gegenleistung zu erwarten, selbstsicher auftreten, Humor haben und lachen – auch über sich selbst.

Hierzu die Aussage einer Absolventin der Weiterbildung in personzentrierter Arbeitsweise:

> »Ich kann feststellen, dass die Annahme und die Beachtung positiv auf das Selbstwertgefühl wirken und die Erlebensqualität der Begegnung sowohl bei dem zu betreuenden Menschen als auch bei den Mitarbeitern steigern. Ich merke, dass Blickkontakt, Interesse am Befinden, Lob, Anerkennung, Entscheidungsmöglichkeit, gemeinsames Tun sowie die persönliche Anrede mit Namen ganz wenig Zeit kosten, aber ganz viel zum Gelingen von Kontakt beitragen.« (Borkowski 2003, 15)

Folgende Betrachtung der eigenen selbstwertstärkenden Wirkung soll die Selbstkenntnis der Fachperson präzisieren.

Selbsterforschungshilfe »Selbstwertgefühl des Gegenübers stärken«

Stellen Sie sich einen Menschen vor, mit dem Sie im Berufsalltag häufiger zu tun haben und der seine liebe Not mit der Alltagsbewältigung hat: Er geht die geläufigen Angelegenheiten nicht an, weicht aus/redet sich raus, erzwingt Aufmerksamkeit, manipuliert, bestimmt, was andere zu tun haben, usw., oder

2.5 Das Selbstwertgefühl des Gegenübers positiv stärken

aber er ist passiv, zurückgezogen, zögerlich, kommt nicht »aus dem Quark«, ist verzweifelt usw. Kurz und gut – diese Person zeigt mehr oder weniger deutlich Merkmale einer Selbstwertproblematik.

Schätzen Sie nun ein, welche der o. g., den Selbstwert unterstützenden Faktoren Sie im Kontakt mit dieser Person wie oft wirken lassen.

Tab. 6: Übersicht »Selbstwertgefühl stärken«

Merkmal	Häufigkeit des Auftretens			
	fast nie	selten	oft	fast immer
Annehmende *Präsenz* zeigen	☐	☐	☐	☐
Warmherzig sein	☐	☐	☐	☐
Wertschätzend sein	☐	☐	☐	☐
Realistisch sein	☐	☐	☐	☐
Beachtung zeigen	☐	☐	☐	☐
Selbstwirksamkeit fördern	☐	☐	☐	☐
das *Lernen aus Fehlern* ermöglichen	☐	☐	☐	☐
das *Person-Sein* schützen	☐	☐	☐	☐
Vorbild sein	☐	☐	☐	☐

Führen Sie nun eine qualitative Analyse der eingeschätzten Häufigkeiten durch. Schauen Sie genau und ehrlich bei sich selbst: Woran mag es liegen, dass Sie in der Interaktion/Kommunikation mit der ausgewählten Person die Merkmale so häufig zeigen, wie Sie das eingeschätzt haben?

Kleiner Wissenscheck zur positiven Stärkung des Selbstwertgefühls

- Welche konkreten Verhaltensweisen der Fachperson signalisieren dem Gegenüber die Wertschätzung?
- Wie kann die Fachperson die Selbstwirksamkeitsentfaltung beim Gegenüber unterstützen?
- Worauf kommt es an, wenn die Fachperson dem Gegenüber ihre Beachtung zeigt?
- Worauf muss sich Bewertung richten, die eine Kritik bzw. ein Lob zu Folge hat, um das Selbstwertgefühl des zu unterstützenden Menschen nicht negativ zu beeinflussen?

- »Warmherzig sein« klingt gut und hört sich selbstverständlich an, nur – welche konkreten Merkmale hat das warmherzige Verhalten?

2.6 Rückblick auf die Know-how-Aspekte personzentrierter Arbeitsweise

Abschließend zu diesem Teil nun eine kurze Übersicht der hier beschriebenen methodischen Aspekte (Know-how) und Selbsterforschungsanregungen zum Personzentrierten Arbeiten in sozialen Berufen.

In Anlehnung an die theoretischen Ausführungen im ersten Teil wurden zuerst einige Grundsätze des beruflichen Handelns im Sinne des Personzentrierten Arbeitens kurz beschrieben. Anschließend folgten Ausführungen und Hinweise auf konkretes Tun im Kontakt mit dem zu unterstützenden Menschen. Diese bezogen sich auf folgende Teilbereiche:

- Welche Reaktionen auf Aussagen/Verhalten des Gegenübers offenbaren die personzentrierte Haltung der Fachperson?
- Worauf kommt es an, wenn die Fachperson mit dem zu unterstützenden Menschen im personzentrierten Sinne kommuniziert?
- Durch welche Verhaltensmerkmale wird in der Interaktion das Personsein des Gegenübers bestätigt und erhalten?
- Welche Bedürfnisse des Gegenübers sind für sein Wohlbefinden relevant und welche Möglichkeiten/Grenzen hat die Fachperson bei der Unterstützung von deren Befriedigung?
- Durch welche Einflüsse kann die Fachperson das Selbstwertgefühl des zu unterstützenden Menschen positiv stärken?

Zwecks Präzisierung einer Selbstorientierung von Leserinnen und Lesern hinsichtlich der Frage »Wie macht man das?« sind in jedem dieser Teilbereiche auch Anregungen zur »Selbsterforschung« angeboten. Sie können (aber müssen nicht) genutzt werden, um sich selbst sozusagen »auf die Schliche zu kommen«.

Denn das Auftreten und Tun in laufenden Interaktionen und in der Kommunikation zwischen der Fachperson und ihrem Gegenüber ist meistens automatisiert und selten unter Berücksichtigung und Beherzigung von personzentrierten Grundsätzen und Prinzipien bewusst gesteuert.

2.6 Rückblick auf die Know-how-Aspekte personzentrierter Arbeitsweise

Im nächsten, dritten Teil dieses Buches wird das thematisiert, was diesbezüglich als unumgänglich erscheint – der Weg von der (bei den Fachpersonen meistens vorhandenen) natürlichen Personzentriertheit zu einer beruflich-professionellen. Anders gesagt, es wird der Frage nachgegangen: »Wie kann ich zum ›beruflichen Mitmenschen‹ werden«?

3

Professionelle Personzentriertheit entfalten (»Mitmensch von Beruf« sein): Wie denn?

Einleitend (als Gedächtnisstütze) folgt hier eine kurze Übersicht der grundlegenden Aussagen aus den Kapiteln 1 und 2. Das ist deshalb sinnvoll, weil die Ausführungen in Kapitel 3 auf diesen Eckpunkten des Personzentrierten Arbeitens aufbauen.

- Die personzentrierte Arbeitsweise stellt eine respektierende, beachtende und das Gesicht wahrende Art der Kontakt- und Interaktionsgestaltung im Berufsalltag dar. Folglich kann sie auch als »berufliche Mitmenschlichkeit« mit positiver Wirkungskraft bezeichnet werden.
- Ihre Bedeutung für das Wohlbefinden und die Beziehung der Beteiligten sowie auch für das Gelingen gemeinsam gestalteter Lern- und Entwicklungsprozesse ist unumstritten.
- Im Kontext des personzentrierten Ansatzes und der Bedeutung von Bedürfnissen und deren Befriedigung ist der spezifische Unterschied von personzentrierter Psychotherapie (hierzulande als Gesprächspsychothera-

pie bezeichnet) und der unterstützenden Handlung von Fachpersonen in den Praxisfeldern sozialer Berufe begründet.
- Die Haltung der Fachperson ist ausschlaggebend für die Art des Umgangs mit dem zu unterstützenden Menschen: Die berufliche Haltung kann das Person-Sein eines zu unterstützenden Menschen erhalten und fördern oder aber auch untergraben.
- Wer in diesem Sinne unterstützend wirken will, steht vor der Aufgabe, die eigene, im Ansatz meistens vorhandene natürliche Personzentriertheit zu einer »beruflich-mitmenschlichen« Haltung zu entfalten. Dies erfordert viel Anstrengung, Engagement, selbstoffene Einstellung und unzählige reflektierte Versuche (üben, üben, üben …).

Mitmensch-Sein ist eine Bezeichnung, die in der Fachwelt selten gebraucht und nicht allzu genau definiert wird (z. B. verwendet sie A. Adler, der Begründer der Individualpsychologie, in seinen Ausführungen). Semantisch offenbart sie jedoch das Wesentliche der Beziehungsgestaltung. Ein »Mitmensch-von-Beruf« wendet sich der zu unterstützenden Person zu und ist bemüht, die Welt mit ihren Augen zu sehen, d. h. interessiert und aufmerksam das wahrzunehmen, was sie bewegt, was ihr wichtig ist, was sie braucht usw. Er gestaltet die Interaktion mit ihr unter Berücksichtigung dieser Wahrnehmungen. Die Gretchenfrage »Wozu soll das gut sein, im Berufsalltag als Mitmensch aufzutreten?« lässt sich mit folgender Tatsache beantworten: Es ist eine Binsenweisheit, dass in sozialen Berufen die Fachleistungen alleine, d. h. ohne die mitmenschliche Präsenz der Fachperson, weniger wirksam sind. Das Mitmensch-Sein der Fachperson im Kontakt mit dem zu unterstützenden Menschen lässt sich folglich als ein Katalysator der Wirksamkeit von durchgeführten Fachleistungen betrachten.

Die meisten Fachpersonen in den Praxisfeldern der sozialen Arbeit sind felsenfest davon überzeugt, in ausreichendem Maße personzentriert zu sein und mitmenschlich zu handeln. Sonst könnten sie ja in ihrem Berufsalltag nicht als engagierte Helfer agieren. Das ist auch verständlich, denn bis auf einige Einzelfälle hat jeder Mensch in seinem Leben den personzentrierten Umgang sozusagen am eigenen Leib erfahren (zumindest als Baby und in der Kindheit von seinen Familienangehörigen) und den personzentrierten Umgang imitativ erlernt. Diese persönliche Erfahrung stellt das Fundament für die eigene natürliche Art der Personzentriertheit dar.

Es ist gar nicht so falsch, ein solches Selbstbild in sich zu tragen, denn bekanntlich steuern die Selbstbilder das Verhalten mit. Also haben wir es bei den Fachpersonen mit einer weit verbreiteten Selbstüberzeugung zu tun.

3 Professionelle Personzentriertheit entfalten (»Mitmensch von Beruf« sein): Wie denn?

Nur – und darin liegt wohl das Problematische dieser Selbstüberzeugung – wie kommt es, dass im Berufsalltag der Jugend-/Behinderten-/Altenhilfe, in den Tageseinrichtungen, Schulen usw. nicht allzu selten belastende Bestimmungs- und Machtkämpfe zwischen Fachpersonen und den zu unterstützenden Menschen ausgetragen werden, dass das Phänomen des Burn-out bei den Mitarbeiter/innen deren Lebensqualität einschränkt, dass beide Seiten sich auch mit aggressiven bis sogar gewalttätigen Verhaltensweisen begegnen? So etwas dürfte doch bei einer als selbstverständlich proklamierten personzentriert-mitmenschlichen Arbeitsweise nicht vorkommen.

Wie kommt es also, dass die in kleinerem oder größerem Ausmaß vorhandene natürliche und proklamierte Personzentriertheit im Berufsalltag nicht grundsätzlich und immer ausgelebt wird? Offensichtlich gibt es bei den Fachpersonen zwei Seiten der persönlichen Art des Umgangs mit dem zu unterstützenden Menschen:

- Die eine ist die »helle Seite«, d. h. die bewusste, geglaubte Überzeugung: »Selbstverständlich bin ich personzentriert und gehe mit anderen mitmenschlich um!« Sie kommt durchaus in günstigen Situationen zu tragen (genug Zeit, keine Hektik, Ruhe, alle Aufgaben erledigt, von Kollegen abgeschirmt sein u. ä.).
- Die andere ist eine »dunkle Seite«, d. h. die nicht immer bewusste und nicht gern zugegebene Tendenz zur Selbstschutz-Aktivität, Behauptung und Machtausübung. Sie kommt vor allem in ungünstigen Situationen zu tragen (Stress, Hektik, Zeitnot, Aufgabenstau, alles allein machen müssen u. ä.).

Die »helle Seite« wirkt auf das Gegenüber wohltuend, weil sie es ernst nimmt und beachtet. Die »dunkle Seite« belastet den zu unterstützenden Menschen, weil sie sein Grundbedürfnis nach Annahme, Beachtung und Selbstachtung frustriert und ihn zum Widerstand veranlasst. Es ist schon etwas Besonderes, wenn die Fachleute im Berufsalltag ihre vorhandene Fähigkeit, personzentriert vorzugehen, nicht nur spontan/ab und zu/selektiv (bei dem einen Gegenüber schon, bei einem anderen nicht), sondern bewusst und konsequent auch in schwierigen Situationen und belastenden Interaktionen offenbaren.

Dass es nicht immer klappt, liegt daran, dass die Fachpersonen bei der Bemühung, im Berufsalltag als Mitmenschen aufzutreten, immer wieder an Grenzen stoßen, die sich nur zum Teil bzw. gar nicht umgehen lassen, geschweige denn beseitigen. Zu nennen sind vor allem einerseits die institutionell-systembedingten Belastungen (Dokumentationswahn, Aufgabenmenge, Zeit- und Personalnot usw.) und andererseits die Tatsache, dass das personzentrierte Auftreten der Fachperson nicht immer und auch nicht automatisch von dem zu unterstützenden Menschen angenommen werden muss. Diese Hindernisse des personzentrierten Arbeitens kann die Fachperson leider nur begrenzt bis gar nicht beeinflussen und muss mit ihnen leben.

Bei der »dunklen Seite« ist es anders, denn ihr Einfluss lässt sich durchaus von der Fachperson einschränken. Dazu muss sie zuerst die eigenen Tendenzen zu Selbstbehauptung und Machtausübung erkennen und sie dann bewusst steuernd zu »händeln« lernen. Dazu kommt noch die helle Seite, die ebenfalls steuerbar ist. Als eine natürliche und »allgemein übliche« spontane Art, personzentriert zu sein, stellt sie ein entfaltungsfähiges Potential für die Sicherung der Wirksamkeit des fachspezifischen Handelns durch mitmenschlichen Umgang mit jedem zu unterstützenden Menschen dar.

Die Überzeugung, personzentriert zu sein, zu einem im Berufssetting konsequent denkenden, empfindenden und handelnden »Mitmensch-vom-Beruf« zu entfalten ist nicht leicht, aber machbar. Die Fachperson müsste sich relevantes Fachwissen aneignen und bereit sein, von sich aus immer wieder genau zu schauen, durch welche Verhaltensmerkmale sie im Berufsalltag ihre Personzentriertheit zeigt, ob (und wenn ja, wie) diese ankommt und wie sie auf den zu unterstützenden Menschen wirkt. Das beruflich-personzentrierte Verhalten ist dann in unterschiedlichen Situationen und bei unterschiedlichen Menschen zu üben.

Es geht also darum, das Personzentrierte Arbeiten konsequent zu üben, d. h. orientiert, begründet, gekonnt und reflektiert wie ein Mitmensch zu handeln. Und zwar immer wieder, denn keine Interaktion und keine zu unterstützende Person gleicht der anderen. Es ist nun einmal ein anspruchsvoller Selbstentfaltungsprozess. Nur auf diese Weise kann die Fachperson – anknüpfend an ihre natürliche Art personzentriert zu sein – das personzentrierte Arbeiten als »tätige Mitmenschlichkeit« im Berufsalltag entfalten.

> **Exkurs in die Welt der Metapher**
> Als ein metaphorisches Beispiel für professionell-personzentrierten Umgang der Fachperson mit einem nur wenig bis gar nicht beeinflussbaren zu unterstützenden Menschen lässt sich die »Vorgehensweise« eines Navigationsgeräts beschreiben (vgl. Ondracek 2015, S. 93 ff.):
> Per Eingabe vom Fahrer bekommt das Gerät die Aufgabe, diesen zu einem bestimmten Ort zu lotsen. Das Gerät berechnet einen schnellen Weg über die Autobahn. Der Fahrer will aber auf keinen Fall über die Autobahn fahren

3 Professionelle Personzentriertheit entfalten (»Mitmensch von Beruf« sein): Wie denn?

> und folgt den Anweisungen des Geräts nicht. Nach einigen Versuchen, doch die Autobahn anzusteuern, stellt sich das Gerät dann auf die Weiterfahrt über Landstraße ein und gibt dem Fahrer diesbezügliche Hinweise.
>
> Ohne Groll, Aufregung, Kampf, Resignation u. ä. akzeptiert das Gerät das Unveränderbare (der Fahrer meidet die Autobahn) und tut das Machbare (lotst den Fahrer über die Landstraße zum Zielort). Die Fahrt dauert zwar länger (= Preis für die Akzeptanz des Unveränderbaren), aber endet doch am Zielort (= Aufgabe erfüllt). Einen »Nebeneffekt« stellt die Fahrt durch schöne Ecken und Landschaften dar, die bei der Autobahnnutzung nicht zu sehen gewesen wären (= Gewinn aus dem Arrangement mit dem Unveränderbaren).

Selbstverständlich besteht ein riesiger Unterschied zwischen einem Navigationsgerät und einer Fachperson: Das Gerät wird in der Fabrik auf die Suche nach Wegen zum vorgegebenen Ziel programmiert, wird also nicht vom eigenen Willen gesteuert. Die Fachperson muss sich im Sinne eines personzentrierten Umgangs mit Erschwernissen bei der Aufgabenerfüllung selbst »programmieren« (also eine entsprechende Haltung verinnerlichen) und die Beständigkeit, die Geduld, das Durchhaltevermögen, die Bereitschaft zur Suche nach Alternativwegen bei der Aufgabenerledigung bewusst (d. h. sich willentlich selbst steuernd) praktizieren.

Wer sich von diesem metaphorischen Beispiel inspirieren lässt, kann durchaus berufliche Interaktionen und Einflussnahmen auf eine positiv wirkende, d. h. annehmende und lebendig-persönliche Art gestalten, die von den Elementen der Personzentriertheit geprägt ist und auch eine Portion Gelassenheit aufweist. Denn das Bewusstmachen und Akzeptieren der Tatsache, dass etwas nicht verändert werden kann, macht die Fachperson diesem »Etwas« gegenüber gelassen. Dann kann sie ihre Kraft, das Know-how und die persönliche Wirkung dort verwenden, wo etwas wachsen, entstehen, sich verbessern, wo also etwas – mit Paul Moor gesagt – »werden sollte und werden könnte« (Moor 1999, S. 17).

Fazit:
Personzentriert die Kommunikation und Interaktion mit dem zu unterstützenden Menschen zu gestalten bedeutet, sich zuerst auf sein Personsein zu konzentrieren und von diesem Blickwinkel aus dessen Probleme zu betrachten, und anzugehen und ihm eine mitmenschliche Stütze zu sein. Um in diesem Sinne im Berufsalltag zu agieren, hat die Fachperson folgende Anliegen konsequent zu beherzigen:

- empathisch auf die Gefühle des Gegenübers eingehen,
- seine Subjektlogik begreifen,
- sein Selbstwertgefühl stärken,
- ihm zu mehr Selbstwahrnehmung, Selbstkontrolle und Selbstwirksamkeit verhelfen, und (last but not least)
- ihn auch mit Grenzen des Möglichen, Machbaren und Akzeptablen konfrontieren.

Wer also das eigene natürliche Mitmensch-Sein zur Grundlage des personzentrierten Arbeitens im Berufsalltag entfalten will, kommt nicht umhin, die Umsetzung dieser Anliegen gezielt und reflektiert zu üben. Das heißt nichts anderes, als auf folgenden fünf Feldern der Entfaltung professioneller Personzentriertheit zu »ackern«:

Erstens soll die personzentrierte Haltung zu einem festen Bestandteil des Selbstkonzepts werden. Weiterhin ist es wichtig zu wissen, wie man sich selbst zum personzentrierten Auftreten hin steuern kann. Auch geht es darum, durch Erfahrung mit der personzentrierten Arbeitsweise die eigene Selbstwirksamkeit zu stärken und das personzentrierte Arbeiten im Berufsalltag zur Gewohnheit zu machen. Und nicht zu vergessen – dieser Entfaltungsprozess lässt sich effizienter bewältigen, wenn man nicht nur auf sich selbst angewiesen, also allein und einsam ist, sondern bei Bedarf auf Weggefährten und Unterstützer zurückgreifen kann. Diesen Aspekten werden sich die Ausführungen im dritten Teil dieses Buches widmen.

Kleiner Wissenscheck zu Entfaltung professioneller Personzentriertheit

- Wie lautet die Antwort auf die Frage »Wozu soll es gut sein, im Berufsalltag personzentriert zu arbeiten (als Mitmensch zu handeln)?«
- Wann kommt i. d. R. die »helle Seite« des Umgangs mit dem Gegenüber zu tragen? Wann besteht die Gefahr, dass die Fachperson die »dunkle Seite« zeigt?
- Welche Grenzen schränken die Wirkung der personzentrierten Arbeitsweise im Berufsalltag ein, was steht der Personzentriertheit der Fachperson im Wege? Worauf hat sie kaum Einfluss, und was kann sie durchaus – mit entsprechender Orientierung und Übung – selbst beeinflussen?

3 Professionelle Personzentriertheit entfalten (»Mitmensch von Beruf« sein): Wie denn?

3.1 Personzentrierte Haltung im Selbstkonzept stärken

Als Haltung wird die innere Grundeinstellung (auch Gesinnung) verstanden, von der das Denken und Handeln einer Person beeinflusst wird. Sie umfasst sowohl rationale wie auch emotionale und konative Bestandteile und offenbart sich oft auch in der Körperhaltung. Wie man geläufig von einer religiösen, liberalen, konservativen o. ä. Haltung spricht, kann man genauso gut fachspezifisch von einer personzentrierten Haltung sprechen – einer Gesinnung, einer Art des Denkens, einer Überzeugung der Fachperson, die sich am Menschenbild der humanistischen Psychologie orientiert, in dem sich der Glaube an das Gute widerspiegelt.

Die so orientierte Fachperson hat ein individuelles Bedürfnis nach dieser Haltung und handelt aus dieser Grundorientierung heraus. Dabei geht es weniger um ein spezifisches Verhalten, welches bestimmten Regeln entspricht, sondern um eine Handlungsdisposition, die sich im Verlauf des Lebens im Kontext von Sozialisation, Erfahrung und individueller Entwicklung herausbildet. Im Berufsalltag kommt noch der Einfluss von Fachwissen, Übung, Reflexion und Gewöhnung hinzu, sodass irgendwann die Fachperson ihre Haltung finden, sie begründen, als eine »Fleisch gewordene Personzentriertheit« dastehen und nach dem Motto »Ich bin meine Haltung« empfinden, denken und handeln kann.

Wohlbemerkt – kann, denn eine personzentrierte Vollkommenheit gibt es nicht! Man begibt sich zwar auf den Weg zu diesem Ideal, um die eigene Personzentriertheit zu stärken, weiterzuentwickeln, zu kultivieren, und trotzdem kommen im Berufsleben immer wieder Situationen vor, in denen das personzentrierte Arbeiten nur wenig bis gar nicht wirkt oder sogar kontraproduktiv ist. Dann muss die Fachperson – nolens volens[5] – auch mal bewerten, bestimmen, Macht ausüben, kämpfen u. ä., trotz der Tatsache, dass sie sich dabei nicht wohl fühlt und es ihr zuwider ist. Das Berufsleben ist eben bunt und lässt sich mit einer einzigen Vorgehensweise allein nicht bewältigen.

> **Exkurs zur Heilpädagogik**
> Paul Moor, der Mitbegründer moderner Heilpädagogik, spricht von einem inneren Halt, der seiner Meinung nach eine Schlüsselrolle (sowohl bei den

---

5 Notgedrungen/wohl oder übel.

zu unterstützenden Menschen als auch bei den Fachpersonen!) spielt und um dessen Förderung, Entfaltung, Stärkung und Stabilisierung es u. a. in der Heilpädagogik gehen soll.

Als inneren Halt bezeichnet Moor die Einstellung des Individuums gegenüber den eigenen Lebens- und Entwicklungsaufgaben, alltäglichen Erledigungen, eigenen Möglichkeiten und Grenzen sowie auch gegenüber anderen Menschen. Konkret geht es um die eigenen Fähigkeiten und Fertigkeiten, das Wollen, die Anstrengungsbereitschaft und das Vorhandensein einer übergeordneten Lebensauffassung. In diesem Sinne steht der innere Halt für ein von Lebenssinn und Bindung getragenes Konzept für die eigene Lebensbewältigung, für die eigene Existenz, und befähigt somit das Individuum, sich dem Lebensalltag mit seinen Herausforderungen zu stellen (vgl. Moor 1999).

Weil der Mensch nicht mit einem fertigen inneren Halt auf die Welt kommt, muss er im Verlauf seines Lebens (insbesondere in der Kindheit) vor dem Hintergrund seiner Erfahrungen mit sich selbst, den anderen Menschen und den Lebensbedingungen den inneren Halt entfalten. Moor geht davon aus, dass die meisten der zu unterstützenden Menschen über einen schwachen und instabilen inneren Halt verfügen. Folglich brauchen sie von den heilpädagogisch Tätigen einen äußeren Halt, und zwar so lange, bis sie den eigenen Halt herausgebildet haben. Das können nur diejenigen leisten, die selbst über einen starken und stabilen inneren Halt verfügen, der ihnen ermöglicht, dem zu unterstützenden Menschen Werte und Lebensfreude zu vermitteln, seinem Alltag Strukturen zu geben sowie ihm Hilfe bei der Lebensgestaltung und Alltagsbewältigung zu leisten.

Demnach besteht eine der wichtigsten Aufgaben von heilpädagogisch Tätigen darin, den eigenen inneren Halt zu stärken und ihn zum äußeren Halt des zu unterstützenden Gegenübers zu machen, mit dem Ziel und in der Hoffnung, dass dessen innerer Halt sich dadurch nach und nach herausgebildet, stärkt und stabilisiert.

Von diesem veranschaulichenden Beispiel lässt sich eine Antwort auf die Frage »Wozu soll die Arbeit am inneren Halt gut sein?« ableiten – der Herausbildung des inneren Halts dem Gegenüber zuliebe. Deshalb ist es wichtig, dass die Fachpersonen die Personzentriertheit als einen Bestandteil des inneren Haltes in ihrem Selbstkonzept/beruflichem Selbstverständnis stärken und sie als äußeren Halt den zu unterstützenden Menschen zur Verfügung stellen.

Das Selbstkonzept (salopp formuliert: Entwurf von sich selbst) wird verstanden als ein Konstrukt aus der Wahrnehmung der eigenen Person und der Selbstdefinition in Form von Attributen und unterstützenden oder einschränkenden Überzeugungen. Das Selbstbild (wie man sich selber wahrnimmt) und das Idealbild (wie man gerne sein möchte) werden im Selbstkonzept zusammengefasst. Selbstwert gilt als die Manifestation eines positiven oder negativen Selbstkonzeptes und offenbart sich in Form eines positivbestätigenden oder unsicher-zweifelnden Umgangs mit sich selbst. Seine Erfahrungen aus sozialen Interaktionen bewertet der Mensch nach den Maßstäben seines Selbstkonzepts und übernimmt sie entweder, lehnt sie ab oder aber verzerrt sie so, dass sie mit diesem kompatibel sind.

Demnach sind grundlegende Funktionen des Selbstkonzeptes eine Strukturierung der Wahrnehmung der eigenen Person und die Interpretation selbstbezogener Informationen. Diese beeinflussen nicht nur das Empfinden und Denken, sondern dienen auch als Grundlage für Entscheidungen, Beurteilungen, Folgerungen, Verhaltensweisen und Handlungen in Bezug auf die eigene Person.

Das Selbstkonzept wird von folgenden sozialen Faktoren beeinflusst:

- Zugehörigkeit zu bestimmten sozialen Gruppen (soziale Identität)
- der zugesprochenen/eingenommenen Position entsprechendes Verhalten (soziale Rolle)
- Beurteilung eigener Eigenschaften und Fähigkeiten nach Maßstäben anderer Personen/Gruppen (sozialer Vergleich)
- erlebte Folgen/Konsequenzen des Verhaltens (Erfolge und Misserfolge)
- während der Sozialisation vermittelte Werte (Kultureinfluss).

Das Selbstkonzept verfügt über eine ausgeprägte selbstbestätigende Kraft (von C. Rogers *Selbstaktualisierungstendenz* genannt) und ist gegenüber Veränderungsmöglichkeiten wenig offen. Beispielsweise tut sich ein Mensch, der im Selbstkonzept die Überzeugung »Ich bin ein Versager« hat, schwer, ein Erfolgserlebnis (»Ich kann doch etwas schaffen«) zu akzeptieren und sein Selbstkonzept um diese neue Erfahrung zu erweitern. Was eben nicht zum Selbstbild passt, wird zunächst als irrelevant betrachtet.

Es gibt zwei Maßstäbe, anhand derer der Mensch sich entscheidet, ob er eine neue Erfahrung/Information/Bewertung in sein Selbstkonzept aufnimmt und integriert oder nicht:

- Selbstwerterhaltung/-erhöhung (eine neue Erfahrung/Information/Bewertung wird eher akzeptiert, wenn sie das Selbstwertgefühl aufrechterhält oder erhöht), sowie

- Selbstkonsistenz (eine neue Erfahrung/Information/Bewertung wird eher akzeptiert, wenn sie zu der bereits im Selbstkonzept vorhandenen Selbsteinschätzung passt).

Eine Veränderung/Erweiterung des Selbstkonzepts hat unter folgenden Bedingungen gute Aussichten auf Erfolg:

- Verändernde Erfahrungen/Informationen/Bewertungen erfolgen häufig über einen längeren Zeitraum,
- sie können eindeutig der eigenen Fähigkeit/Anstrengung zugeschrieben werden, und
- sie sind mit weiteren Erfahrungen kompatibel, die in subjektiv als positiv erachteten Bereichen gewonnen werden (eigene Stärken, Interessen u. ä.).

Die personzentrierte Haltung im Selbstkonzept und im beruflichen Selbstverständnis zu stärken heißt:

- Das personzentrierte Menschenbild zu verinnerlichen (jeder Mensch ist mit einem Entfaltungspotential ausgestattet, auf Wachstum ausgerichtet, verfügt über einen eigenen Erfahrungsschatz, konstruiert ein eigenes Selbst- und Weltbild, ist sozial ausgerichtet und verhält sich konstruktiv, wenn ungünstige Bedingungen dies nicht einschränken).
- Dieses Menschenbild als Maßstab für den Umgang mit anderen Personen (aber auch mit sich selbst) im privaten Leben immer wieder bewusst zu verwenden und sich der positiven Wirkung zu erfreuen, wie klein sie auch sein mag – bis es heißt »Ich bin gut imstande die anderen Menschen personzentriert zu sehen und mich ihnen gegenüber entsprechend zu verhalten. So bin ich!«
- Im Berufsalltag die Kommunikation und die unzähligen Interaktionen während der Aufgabenerledigung mit allen zu unterstützenden Menschen (auch bzw. insbesondere in ungünstigen/schwierigen Situationen) absichtlich personzentriert zu gestalten und sich mittels anschließender Reflexion die Möglichkeiten und Grenzen der positiven Wirkung dieser Arbeitsweise bewusst zu machen – bis es heißt »Ich bin gut imstande, die Interaktionen mit den zu unterstützenden Menschen personzentriert zu gestalten. Ich verstehe mich als eine personzentrierte Fachperson und so bin ich – ein Mitmensch-von-Beruf!«

Wer auf diese Art die personzentrierte Haltung im eigenen Selbstkonzept und Selbstverständnis als Fachperson fest verankern will, kommt nicht umhin, dabei alle Attribute der Selbststeuerung walten zu lassen: Selbstorientierung, Motivation, Neugier, Konsequenz, Mut, Stabilität, Zuversicht, Selbstvertrauen und Durchhaltevermögen. Es ist keine einfache Aufgabe, aber trotzdem eine machbare.

Selbsterforschungshilfe: Meine Personzentriertheit im Selbstkonzept

Schreiben Sie – ohne viel nachzudenken – folgende Selbsteinschätzungen zu Ihrer Art des Umgangs mit anderen Menschen auf:

»Das liegt mir, das mache ich – so bin ich.«

Erstellen Sie eine Liste mit allem, was Sie im personzentrierten Sinne anderen Menschen gegenüber gut tun/zeigen können und wo Sie dies auch tun (immer, ab und zu, selten). Notieren Sie auch, bei welchen Personen und in welchen Situationen es Ihnen leicht- bzw. schwerfällt, es zu tun. Beachten Sie dabei (ehrlichkeitshalber), dass es nicht um Ihr Ideal-Selbstbild, sondern um Ihr Real-Selbstbild gehen soll.

»Das ist mir zuwider, das mache ich nicht – so bin ich nicht.«

Erstellen Sie eine Liste mit allem, was Sie im Umgang mit anderen Menschen grundsätzlich für inakzeptabel halten und ablehnen und was Sie auch nicht/nie tun würden. Notieren Sie auch, bei welchen Personen und in welchen Situationen Sie es möglicherweise doch tun/getan haben, obwohl Sie es eigentlich ablehnen. Beachten Sie dabei (ehrlichkeitshalber), dass es nicht um Ihr Ideal-Selbstbild, sondern um Ihr Real-Selbstbild gehen soll.

Anregungen zur Selbstorientierung:

- Was halten Sie von den Menschen, bei denen es Ihnen leichtfällt, sich personzentriert zu verhalten? Versuchen Sie Ihre Sicht auf diese Menschen kurz und konkret zu beschreiben.
- Was halten Sie von den Menschen, bei denen es Ihnen schwerfällt bzw. bei denen Sie es nicht schaffen, sich personzentriert zu verhalten? Versuchen Sie Ihre Sicht auf diese Menschen kurz und konkret zu beschreiben.
- Wo kommen diese Einstellungen her, wie sind sie zustande gekommen, auf welche Merkmale der jeweiligen Person sind sie bezogen, welche subjektlogische Funktion haben sie für Ihr Verhalten gegenüber diesen Menschen?

- Wie ist das für Sie/wie fühlen Sie sich, wenn Sie das, was Ihnen liegt und was Sie gern machen, problemlos tun können?
- Wie ist das für Sie/wie fühlen Sie sich, wenn Sie das, was Sie im Umgang mit anderen verabscheuen, doch getan haben/tun müssen?

Kleiner Wissenscheck zu personzentrierter Haltung im Selbstkonzept

- Was versteht man unter Haltung und welche Bestandteile hat eine Haltung?
- Was charakterisiert die personzentrierte Haltung einer Fachperson?
- Was unterstützt die Entfaltung der personzentrierten Haltung im Berufsalltag?
- Gibt es eine personzentrierte Vollkommenheit?
- Was versteht man unter einem Selbstkonzept?
- Wie hängen Selbstkonzept, Selbstbild, Idealbild und Selbstwertgefühl zusammen?
- Welche sozialen Faktoren beeinflussen das Selbstkonzept eines Menschen?
- Womit muss man rechnen bei Versuchen, das Selbstkonzept zu erweitern/zu verändern?
- Unter welchen Bedingungen kann eine Erweiterung/Veränderung des Selbstkonzeptes gelingen?
- Was erweist sich als hilfreich und notwendig bei der Stärkung der personzentrierten Haltung im Selbstkonzept?

3.2 Sich selbst zur personzentrierten Arbeitsweise hin steuern

Die Wahrnehmung, die Interpretation des Wahrgenommenen, das begleitende Empfinden und auch das Verhalten eines jeden Menschen werden von mehreren Faktoren bzw. Kräften beeinflusst. Es ist ein ziemlich komplexes bio-psycho-soziales Phänomen, welches hier nicht in allen seinen Facetten beschrieben werden kann. Erforderlich und ausreichend bei der Auseinandersetzung der Fachperson mit Selbststeuerung zum personzentrierten Arbeiten sind folgende Blickwinkel:

- Welche Personzentriertheit im Sinne von »Mitmensch-Sein« trägt die Fachperson in sich?

3 Professionelle Personzentriertheit entfalten (»Mitmensch von Beruf« sein): Wie denn?

- Was beeinflusst die Fachperson sozusagen »hintenrum«, d.h. was steuert ihr Auftreten in der Interaktion/Kommunikation mit dem zu unterstützenden Menschen, ohne dass es ihr bewusst wird?
- Welche Merkmale charakterisieren das bewusst-personzentrierte Handeln der Fachperson im Berufsalltag (was macht sie zum »Mitmensch-von-Beruf«)?

Das o.g. Motto verdeutlicht ein grundlegendes Merkmal der Selbststeuerung – nur die sich selbst steuernde Person soll sozusagen am Steuerrad sitzen (die story des eigenen Lebens gestalten). Lässt sie einen anderen Menschen/eine andere Meinung bzw. Bewertung oder die nicht bewussten Kräfte in ihrer Seele über das eigene Tun und Lassen walten, wird sie sozusagen »fremdgesteuert«.

> **Exkurs zur psychologischen Beratung**
> Zutreffend brachte das eine Frau im Beratungsgespräch zum Ausdruck. Auf die Frage, was sie zur Inanspruchnahme der Beratung bewegt hatte, antwortete sie: »Wissen Sie, Herr Ondracek, ich lebe nicht, ich werde gelebt ...« Und dann sprach sie von Unzufriedenheit mit sich selbst, Unmut, Enttäuschung über den Lebensalltag, Frustration und Verärgerung, durch die sie im Alltag belastet war. Sie fühlte sich nicht frei, traute sich nicht, etwas Neues auszuprobieren, dachte ständig darüber nach, was andere Menschen über sie dachten, usw.
>
> In der weiteren Arbeit mit ihr wurde ihr bewusst, dass sie, eine erwachsene Frau, immer noch die Erlebnisse, Erfahrungen, Gefühle, Ansichten und Bewertungen wichtiger Personen sowie die zur Befriedigung existenzieller Bedürfnisse erlernten Verhaltensweisen aus ihrer (frühen) Kindheit in sich trug und sich noch heute von ihnen beeinflussen ließ, ohne dass ihr dies bewusst war. Erst als sie begriffen hatte, dass sie nicht nur ein Recht darauf hatte, sondern auch imstande war, ihr Denken, Empfinden und Handeln selbst zu steuern, konnte sie Schritt für Schritt neue Erfahrungen mit sich selbst und eigener Selbstbestimmung machen und sich von der belastenden »Fremdbestimmung« befreien.

Selbststeuerung bedeutet, das eigene Verhalten zu beobachten, es vom Blickwinkel der selbst gesteckten oder auferlegten Ziele/Aufgaben selbst zu bewerten und entsprechend zu handeln. Es geht also um Handlungen, die ausgeführt werden von einer sich ihrer selbst bewussten und sich selbst reflektierenden Fachperson auf ein Ziel hin. Die Fachperson geht dabei von benötigten Informationen aus und wendet relevante Fertigkeiten an. Entscheidend an dem Begriff *Selbststeuerung* ist der hohe Anteil der Selbstbestimmung.

Die Selbststeuerung im Berufsalltag wird von verschiedenen Faktoren beeinflusst. Beginnend mit dem Selbstverständnis als Fachperson, über Affektivität, Motivation, soziale Einflüsse, das Interesse an der Handlung bis hin zu Strategien zur Selbstkontrolle und Selbstregulation, spielt alles eine Rolle. Um sich selbst steuernd handeln zu können, braucht die Fachperson

- eine gute Einschätzung eigener Fähigkeiten (Selbstorientierung),
- Motivation (Bedürfnis nach Selbstentfaltung),
- Interesse an Neuem, an den Mitmenschen, an der Welt (Neugier),
- Zielstrebigkeit und Beharrlichkeit (Konsequenz),
- Offenheit zum Experimentieren (Mut),
- Bereitschaft eventuelle Misserfolge zu ertragen und zu überwinden (Stabilität und Zuversicht), sowie
- die Überzeugung, eigenes Verhaltensrepertoire erweitern zu können (Selbstvertrauen).

Nicht ganz von der Hand zu weisen ist die Tatsache, dass das selbstgesteuerte Handeln der Fachperson Freude bereiten und als persönliche Bereicherung empfunden werden soll.

Es gibt zwei Hauptquellen, aus denen bei der Entfaltung der personzentrierten Umgangsform mit den zu unterstützenden Menschen im Berufsalltag geschöpft werden kann: die familiäre Sozialisation und die berufliche Sozialisation. In beiden Formen der Sozialisation nimmt die Fachperson Werte und Haltungen auf, die ihr von wichtigen Personen vermittelt, vorgelebt und u. U. sogar aufgezwungen werden. Sie werden übernommen und verinnerlicht als Teile des Selbstkonzepts bzw. des Selbstverständnisses. Die mit ihnen verbundenen Menschenbilder, Prioritäten, Bewertungskriterien, Umgangsformen, Verhaltensweisen und Handlungsstrategien stehen in Verbindung mit existentiellen (familiäre Sozialisation) bzw. für Berufserfolg wichtigen (berufliche Sozialisation) Bedürfnissen und deren Befriedigung. Im Kontext des privaten wie auch beruflichen Alltags dienen sie als eine Art »Stütze zum Klarkommen«. Mit jeder Situation, in der sie sich als nützlich erweisen, wird ihre Steuerungskraft gestärkt.

An dieser Stelle muss auf eine wichtige Gegebenheit hingewiesen werden, nämlich dass die vermittelten Werte und Haltungen nicht immer nur voll auf Personzentriertheit abgestimmt sind. Das wäre auch illusorisch, weil – vor allem in der familiären Sozialisation – nicht allzu selten auch andere als mitmensch-relevante Menschenbilder, Bewertungen und Verhaltensweisen

3 Professionelle Personzentriertheit entfalten (»Mitmensch von Beruf« sein): Wie denn?

vermittelt werden. Das sind solche, die das Kind und damit auch den späteren Erwachsenen in bestimmten Situationen zu einem »Oben-Sein-Wollen« über andere Menschen in Form von Bestimmung, Machtausübung, Manipulation u. ä. steuern, um das selbstzweifelnde/negative Selbstwertgefühl dadurch zu kompensieren (siehe dazu die Aussagen der Individualpsychologie).

Eine weitere wichtige Gegebenheit bezieht sich auf die Tatsache, dass die o. g. Funktion der im Selbstkonzept bzw. Selbstverständnis befindlichen Werte und Haltungen als »Stütze zum Klarkommen« durch häufige Verwendung automatisiert (= zu selbstlaufender Gewohnheit) wird. Fortan braucht die Fachperson sie nicht mehr bei Bedarf willentlich abzurufen. Sie steuern ihr Empfinden, Denken und Handeln in relevanten Situationen (= bei bestimmten Personen und bei subjektiv empfundener Notwendigkeit bestimmte Bedürfnisse zu befriedigen). Diese Einflussnahme erfolgt sozusagen aus dem Hintergrund, d. h. ohne dass dies der Fachperson bewusst wäre. Sie steuert sich nicht mehr selbst, sondern wird gesteuert. Das zu »enttarnen«, diesbezügliche Gewohnheiten zu »entautomatisieren« und zur bewussten Selbststeuerung zurückzukehren ist das Hauptanliegen der Entfaltung des natürlichen personzentrierten Potentials zu einer professionellen Art, im Berufsalltag als eine personzentrierte Fachperson zu empfinden, zu denken und zu handeln.

Die folgenden zwei Mindmaps (▶ Abb. 8; ▶ Abb. 9) sollen die Teilbereiche der Einflussnahme auf die Entfaltung einer personzentrierten Mitmenschlichkeit veranschaulichen. Die dritte Mindmap (▶ Abb. 10) listet die Anforderungen auf, die von der personzentrierten Arbeitsweise an die Fachperson gestellt werden. Diese sollen im Umgang mit dem zu unterstützenden Menschen beherzigt werden, wenn die Fachperson wie ein »Mitmensch-von-Beruf« dastehen und wirken will.

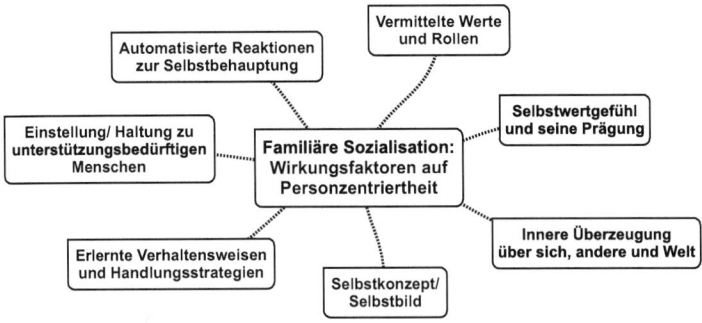

Abb. 8: Familiäre Sozialisation im Hintergrund der natürlichen Personzentriertheit

Bemerkung: Die familiäre Sozialisation bildet keine Fachpersonen aus, sondern legt das Fundament für mehr oder weniger ausgeprägtes Mitmensch-Sein im privaten Lebensalltag.

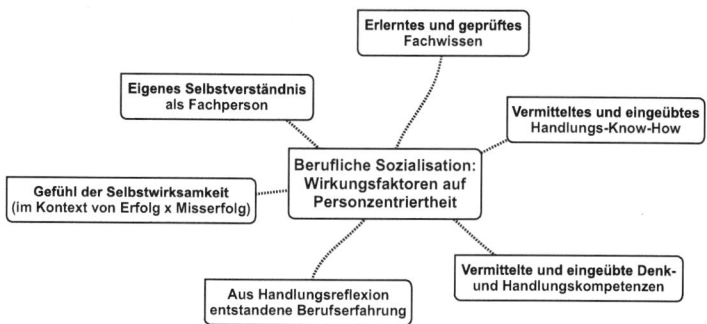

Abb. 9: Berufliche Sozialisation im Hintergrund professioneller Personzentriertheit

Bemerkung: Die berufliche Sozialisation müsste (eigentlich) im Rahmen der Qualifizierung für die Tätigkeit in sozialen Berufen die Fachperson u. a. auch für das personzentrierte Auftreten im Berufsalltag befähigen (oder sie zumindest dazu motivieren).

Inwieweit die beiden Sozialisationsfelder diese Aufgaben erfüllen, sei dahingestellt. Eines steht auf jeden Fall fest – ob sie es wollen oder nicht, sie hinterlassen immer Spuren: die familiäre Sozialisation im Selbstkonzept des Kindes (und damit auch des späteren Erwachsenen), die berufliche Sozialisation im fachlichen Selbstverständnis der Fachperson.

Selbstverständlich sind die »Ergebnisse« beider Sozialisationsfelder – der personzentrierte »Privatmensch« und der personzentrierte »Mitmensch-von-Beruf« – miteinander verwoben. Wer durch die familiäre Sozialisation eine stabile »Personzentriertheitsecke« im Selbstkonzept herausbilden konnte, wird mit hoher Wahrscheinlichkeit kaum Probleme mit der Aufnahme des bewussten personzentrierten Auftretens als »Mitmensch-von-Beruf« in das fachliche Selbstverständnis haben. Und umgekehrt – ist die o. g. »Ecke« im Selbstkonzept nur klein, schwach und instabil, wird die Aufnahme des personzentrierten Auftretens ins fachliche Selbstverständnis von der Fachperson mehr Kraft, Zeit und Ausdauer brauchen.

Wichtig: Diese Auflistung beinhaltet zwar nicht alle, jedoch die wesentlichen Merkmale.

3 Professionelle Personzentriertheit entfalten (»Mitmensch von Beruf« sein): Wie denn?

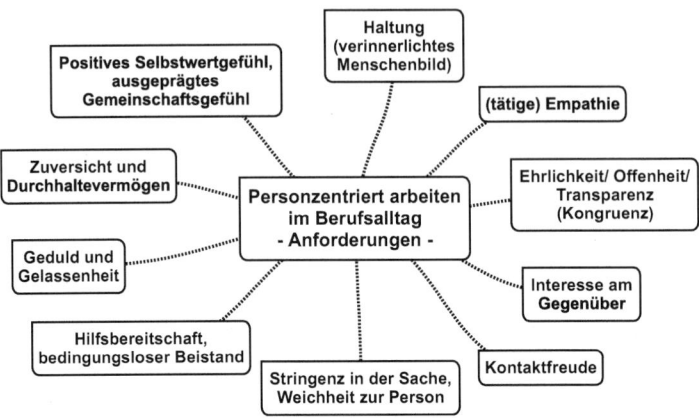

Abb. 10: Eigenschaften, Fähigkeiten und Merkmale, die für das personzentrierte Arbeiten (als »Mitmensch-von-Beruf« auftreten) charakteristisch sind

Die meisten Fachpersonen erfüllen einige dieser Anforderungen und rufen sie auch von ihrem Selbstkonzept bzw. Selbstverständnis im Berufsalltag ab. Nur – wie bereits oben gesagt – tun sie das i. d. R. in günstigen Situationen und bei sympathischen und sich kooperativ verhaltenden Personen. Sind sie aber gestresst, genervt, verärgert u. ä. und haben mit sich herausfordernd verhaltenden Personen zu tun, wird das personzentrierte Arbeiten nur selten praktiziert.

Die Mindmap kann und soll gerade in solchen Situationen die bewusste Selbststeuerung unterstützen. Wer weiß, was personzentriertes Arbeiten auszeichnet, weiß auch, worauf es ankommt, kann sich etwas vornehmen und es dann in der Interaktion und Kommunikation mit dem zu unterstützenden Menschen beherzigen, also sich selbst bewusst steuern.

Sich selbst zu steuern ist eine Aufgabe, die nicht nur in laufender Kommunikation und Interaktion mit dem Gegenüber wichtig ist, sondern auch während der Ausgestaltung des Selbstverständnisses als personzentriert agierende Fachperson. Im Wesentlichen geht es darum, eine personzentrierte Haltung zu verinnerlichen, also der Überzeugung »Ich denke und handle personzentriert, also wie ein Mitmensch« eine feste Position im Selbstkonzept zu geben. Diese Aufgabe bedarf einer Portion Selbststeuerungsdisziplin, denn das bestehende Selbstkonzept ist nicht unbedingt begierig darauf, neue Erfahrungen/Informationen/Bewertungen aufzunehmen und sich dadurch zu verändern (siehe unten).

Zuerst muss eine gute Orientierung im eigenen Selbstkonzept her. Wer etwas verändern will, muss ja wissen, was da ist und was davon bleiben bzw.

was anders werden soll, sowie was noch nicht da ist und hinzukommen soll. Erst dann kann geplant, gemacht, reflektiert, präzisiert (also systematisch gelernt) werden. Und zwar so oft wie möglich, um die eigene Selbstwirksamkeit im Kontext des personzentrierten Arbeitens zu stärken und letzten Endes irgendwann die personzentrierte Vorgehensweise im Berufsalltag zu einer Art Gewohnheit zu machen.

Diesem Prozessverlauf entsprechend werden weiter die hierfür relevanten Themen erörtert: Verankerung der Personzentriertheit im Selbstkonzept, die Selbstwirksamkeitsstärkung im Kontext praktizierter Personzentriertheit sowie Personzentriertes Arbeiten als berufsmäßige Selbstverständlichkeit (Gewohnheit).

Kleiner Wissenscheck zu Selbststeuerung

- Was ist Selbststeuerung? Was braucht die Fachperson, um (bewusst) sich selbst steuernd handeln zu können?
- Was hat die familiäre Sozialisation mit der Personzentriertheit im Selbstkonzept des Kindes (und des späteren Erwachsenen) zu tun?
- Was hat die berufliche Sozialisation mit dem personzentrierten Arbeiten im beruflichen Selbstverständnis der Fachperson zu tun?
- Welche Anforderungen hinsichtlich Eigenschaften, Haltungen, Fähigkeiten usw. verlangt die personzentrierte Mitmenschlichkeit der Fachperson ab?
- Bewusst personzentriert zu arbeiten und mitmenschlich aufzutreten auch in schwierigen Situationen muss eingeübt/trainiert werden. Wie sieht dieser Übungsweg aus?

3.3 Die Selbstwirksamkeit durch praktizierte Personzentriertheit stärken

Das Konzept des Glaubens an Selbstwirksamkeit (self-efficacy belief) beschrieb in den 1970er Jahren A. Bandura im Kontext der Lernprozesse (vgl. Bandura 1970). Wenn ein Mensch des Öfteren erlebt, dass er mit eigenen Fähigkeiten/Fertigkeiten etwas erreichen kann, bildet er in seinem Selbstbild eine Überzeugung darüber, dass das eigene Handeln zum Erfolg führt (z. B. dass er auch eine ziemlich schwierige Aufgabe erfolgreich erledigen kann, weil er imstande ist sich entsprechend anzustrengen, sich relevantes Know-how anzueignen und gekonnt zu handeln). Demnach bezieht sich Selbstwirksamkeit als Vertrauen in das eigene Können auf die eigenen Fähigkeiten, Fertigkeiten und Möglichkeiten im Umgang mit Personen und Situationen (und auch mit sich selbst).

Die eigene Überzeugung, etwas zu bewirken, hat Einfluss sowohl auf die Bereitschaft, auch schwierige Aufgaben zu lösen, als auch auf das Selbstwertgefühl. Wer Menschen kennt, die an ihre eigene Kraft glauben, weiß, dass sie ausdauernd und effizient bei der Bewältigung von (auch schwierigen) Aufgaben vorgehen. Für das Agieren im Berufsalltag stellt die Selbstwirksamkeitsüberzeugung eine wichtige personale Ressource dar.

Der Mensch hat nicht nur ein Bedürfnis nach Selbsterkenntnis, sondern als ein soziales Wesen vergleicht er sich auch mit anderen Menschen, um seine Leistungen einzuschätzen und dann entsprechend zu steuern. Deshalb betreiben heute viele Menschen mit Hilfe von datenerfassenden Geräten (Smartwatches, Trackers, Schrittzähler ...) eine Selbstbeobachtung (sog. *self-monitoring*) und nutzen die gewonnenen Informationen zur Kontrolle über das eigene Verhalten.

Das ist gerade in der heutigen Welt und im Alltagsleben ein wichtiges Anliegen, denn das Leben mit den mannigfaltigen Anforderungen und Herausforderungen ist in mancher Hinsicht komplexer und unübersichtlicher geworden. Es ist also nachvollziehbar, dass die sich aus dieser Komplexität ergebenden Orientierungs- und Einflusserschwernisse dadurch kompensiert werden, dass man versucht, wenigstens über sich selbst Kontrolle zu gewinnen und sich zu steuern – und das gelingt mit Hilfe eines »Überwachungsgeräts« besser.

Die hier thematisierte Selbststeuerung auf dem Weg zum bewussten personzentrierten Arbeiten weist eine ähnliche Ausgangslage auf: Das fachliche Handeln in den sich oft verändernden Bedingungen, oft unübersichtlichen Situationen und bei so unterschiedlichen zu unterstützenden Personen stellt in der Tat eine sehr komplexe Aufgabe dar. Die Überzeugung, dass die bewusste Selbststeuerung im personzentriert-mitmenschlichen Sinne es ermöglicht, die Aufgaben des komplexen Berufsalltags – trotz der Erschwernisse – effizient zu erledigen (Selbstwirksamkeit), stellt das Kernelement der Fähigkeit zur Kontrolle und Steuerung des eigenen Verhaltens dar. Der Weg zur Entfaltung dieser Fähigkeit besteht aus planmäßigem Vorgehen, zu dem auch das Sammeln von Daten gehört. Selbstverständlich nicht mit Hilfe irgendwelche »Personzentriertheitstracker«, sondern mit Reflexion der eigenen (geplanten und bewusst gesteuerten) Vorgehensweise.

Sehr wichtig dabei ist allerdings, sich nicht allein auf die Anzahl von gelingenden bzw. misslingenden Interaktionen zu stützen (»Wie oft habe ich es

3.3 Die Selbstwirksamkeit durch praktizierte Personzentriertheit stärken

geschafft/nicht geschafft, das Gegenüber trotz seines widerspenstigen Verhaltens nicht zu bestrafen, zu manipulieren, abzulehnen ... und ihm das Recht auf den subjektlogischen Grund seiner Widerspenstigkeit zuzugestehen?«), sondern auch die eigenen Empfindungen wahrzunehmen und bei der Auswertung zu berücksichtigen (»Wie fühle ich mich dabei?«). Erst die Kombination dieser beiden Seiten (Verhalten und Erleben) gibt die nützliche Information für eine wirksame Selbstkontrolle und Selbststeuerung, die als wichtigste Quelle des Selbstvertrauens der Selbstwirksamkeit zu betrachten ist. Ebenfalls wichtig ist es, hierbei ein Ziel zu haben und zu verfolgen, denn ohne Zielsetzung wären die ganze Selbstbeobachtung und das Sammeln von Daten nur Selbstzweck.

Je häufiger das Individuum eigene Vorgehensweisen als erfolgreich erlebt, desto stärker wird seine Überzeugung, etwas bewirken zu können. Der diesbezügliche Lernprozess speist sich aus mehreren Quellen – neben eigener Handlungserfahrung wirken auch das Beobachten und Nachahmen sowie der ermutigende Zuspruch verstärkend.

- Als ergiebigste Quelle gelten eigene Handlungserfahrungen im Sinne einer »Belohnung durch Leistung«. Wer des Öfteren erlebt hat, dass sich in bestimmten Situationen eigene Anstrengungen (das Erforderliche tun) als wirksam erweisen (Ziel erreichen), der sieht sich auch künftig imstande, in ähnlichen Situationen das Gleiche zu erreichen (Lernen am Erfolg).
Konkret geht es darum, Erfahrung mit der positiven Wirkung eigener Personzentriertheit zu »sammeln«. Und zwar kleinschrittig und so oft wie möglich. Kleinschrittig heißt, sich bei der Aufgabenerledigung nur das eine oder andere Verhaltensmerkmal des personzentrierten Umgangs mit dem zu unterstützenden Menschen vorzunehmen, statt sozusagen »von jetzt auf gleich« wie C. Rogers sein zu wollen. Ob das positiv auf das Gegenüber wirkt oder nicht (ausbleibender Macht- und Bestimmungskampf, Signale des Wohlbefindens, Bereitschaft zu kooperieren, Kommunikationsfluss, Ich-Du-Kontakt usw.), muss durch Beobachtung während der Interaktion und in der Reflexion danach herausgefunden werden. Die kleinen Erfolge ermutigen die Fachperson dazu, weiter den personzentrierten Umgang zu praktizieren. Das Gefühl, eine positive Wirkung auf den zu unterstützenden Menschen selbst in der Hand zu haben, ist nicht nur wohltuend, sondern motiviert auch, weiter das personzentrierte Arbeiten zu üben.
- Als nächste Quelle dient das Beobachten und Nachahmen des Verhaltens anderer Menschen, die einen VIP-Status besitzen. Geht eine solche Person mit gutem Beispiel voran, indem sie mit bestimmter Handlung ihr Ziel erreicht (Erfolg hat), regt sie in dem/der Beobachter/in den Wunsch an, es

auch so schaffen zu wollen. Das motiviert ihn/sie dazu, dieses Verhalten zur Zielerreichung auch einzusetzen und dadurch eigene Wirksamkeit zu sichern (imitatives Lernen, auch *Modell-Lernen* genannt).

Konkret geht es darum, die Einstellung zu dem zu unterstützenden Menschen und das entsprechende Vorgehen/Verhalten bei einer Fachperson zu beobachten und nachzuahmen, die bereits personzentriert arbeitet. Die Identifizierung mit einem Arbeitskollegen, der es mit Personzentriertheit schafft, in einer schwierigen Situation seine Aufgabe ohne Kampf und Machtausübung zu erledigen, und das Nachahmung seiner Vorgehensweise wecken und stärken die eigene Zuversicht, dass man das doch auch schaffen kann.

- Die Selbstwirksamkeit kann auch durch Zuspruch und Ermutigung seitens anderer Menschen gestärkt werden (»Das schaffst du schon«). Es ist eine wichtige soziale Unterstützung, die den Glauben an eigene Kraft und das Vertrauen in eigene Fähigkeiten weckt. Wichtig ist zu wissen, dass diese Quelle nur kurzfristig wirkt und relativ schnell versiegt, wenn die Ermutigung durch eigenes (erfolgreiches) Handeln nicht bestätigt wird und sich folglich als nicht zutreffend erweist.

Konkret geht es darum, dass eine Aussprache mit anderen Fachpersonen sowie die von ihnen geäußerte Unterstützung und Zuspruch ebenfalls dazu beitragen, das Vertrauen in die eigenen Fähigkeiten auszubauen. Hierfür bieten sich mehrere Formen an – beginnend mit Erfahrungsaustausch über Fallbesprechung bis hin zu kollegialer Beratung oder Supervision. Überall dort kann man Rückmeldungen, Hinweise, Anregungen u. ä. bekommen (von alleine kommen sie allerdings nur selten, also ist es besser nach ihnen zu fragen). Sie erweisen sich vor allem dann als hilfreich und ermutigend, wenn sie von Fachpersonen kommen, die über Erfahrung mit dem personzentrierten Arbeiten verfügen und deren Meinung man achtet und respektiert.

Ähnlich wie bei der Personzentriertheit spielt auch bei der Entstehung der Überzeugung über eigene Selbstwirksamkeit die familiäre Sozialisation eine wichtige Rolle. Wird das Kind gefordert, indem die Erwachsenen ihm die Bewältigung von (angemessenen) Alltagsaufgaben und Entwicklungsschritten zumuten, es handeln lassen und ihm ermutigende Rückmeldung geben, kann es bereits im frühen Alter Erfahrung mit eigenen Wirkungsmöglichkeiten und -grenzen machen. Auch werden die Eltern, ältere Geschwister und sonstige Verwandte als Vorbilder wahrgenommen und ihr Verhalten wird nachgeahmt. All das ist ein fruchtbarer Nährboden für die Herausbildung der eigenen Selbstwirksamkeit.

Ist aber der familiäre Umgang mit dem Kind übertrieben fürsorglich, indem ihm wenig zugetraut und viel für es erledigt wird, kommt das Gegenteil

3.3 Die Selbstwirksamkeit durch praktizierte Personzentriertheit stärken

zustande – das Kind (und oft auch der spätere Erwachsene) traut sich wenig zu, zweifelt an eigenen Fähigkeiten und glaubt nicht, etwas bewirken zu können. Das ist zwar eine wirkliche Erschwernis im Leben und Beruf, stellt allerdings keinen Grund zu verzweifeln dar, denn jeder Mensch kann in der Tat seine Selbstwirksamkeit stärken.

An dieser Stelle werden zwecks Veranschaulichung einige konkrete Überzeugungen von Menschen, die von ihren eigenen Fähigkeiten und Fertigkeiten zur Bewältigung von Lebens- und Alltagsanforderungen überzeugt sind, formuliert:

- Schwierige Probleme löse ich immer, wenn ich mich ernsthaft mit ihnen befasse.
- Ich bin gut imstande, meine Absichten und Ziele zu verwirklichen.
- In unerwarteten Situationen weiß ich immer, wie ich mich verhalten soll.
- Ernsthafte Schwierigkeiten kenne ich nicht, weil ich mich immer auf meine Fähigkeiten verlassen kann.
- Was auch immer passiert, ich werde schon klarkommen.

Selbsterforschungshilfe: Meine personzentriert-mitmenschliche Selbstwirksamkeit

Die unten aufgelisteten Fähigkeiten der Fachperson (formuliert in Ich-Form) tragen dazu bei, dass in der alltäglichen Interaktion und Kommunikation mit ihr der zu unterstützende Mensch sich sicher und wohl fühlt, sich mehr zutraut, sich kooperativ verhält ... Sprich dass diese Umgangsart etwas Gutes bewirkt, und sei es »nur« eine weitestgehend konfliktfreie Aufgabenerledigung oder erfolgreiche Durchführung einer erforderlichen Fachleistung. Je öfter es der Fachperson gelingt, mittels dieser personzentriert-mitmenschlichen Art diese Wirkung zu erleben, desto mehr wächst bei ihr die Überzeugung »Ich bin imstande personzentriert zu arbeiten und es lohnt sich auch!«

Schätzen Sie bei jeder Aussage ein und notieren Sie, wie oft Sie es im Berufsalltag schaffen, so zu denken und handeln. Seien Sie dabei ehrlich und selbstkritisch, sonst bekommen Sie eine verzerrte Orientierung. Zur Verfügung stehen drei Einschätzungsmöglichkeiten: oft, ab und zu, selten.

- Ich gehe mit dem zu unterstützenden Menschen freundlich, ehrlich, offen und wertschätzend um.
- Ich interessiere mich für die Sichtweise des Gegenübers und nehme sie ernst.

3 Professionelle Personzentriertheit entfalten (»Mitmensch von Beruf« sein): Wie denn?

- Im Kontakt mit dem zu unterstützenden Menschen bin ich wirklich präsent – er hat meine volle Aufmerksamkeit und ich denke nicht an etwas anderes.
- Ich lasse die Gefühlsregungen des Gegenübers zu und halte sie aus, ohne sie ändern zu wollen.
- Ich sehe den zu unterstützenden Menschen von seinem Wachstums-/Entfaltungspotential und nicht von seinen Problemen/Beeinträchtigungen aus.
- Ich bewerte das Gegenüber nicht in seinem Personsein und stelle ihn nicht infrage.
- Ich bemühe mich, die Subjektlogik des zu unterstützenden Menschen im Hintergrund seines Erlebens, Denkens und Handelns zu verstehen/begreifen.
- Ich schaue auf die Bedürfnisse des Gegenübers, nehme diese ernst und trage im Rahmen meiner Möglichkeiten zu deren Befriedigung bei.
- Ich mache keine Unterschiede zwischen den zu unterstützenden Menschen nach dem Maßstab »sympathisch x unsympathisch«.
- Ist das Gegenüber das eine oder andere Mal nicht kooperativ oder verweigert es sich, übe ich keinen Druck aus und ärgere mich nicht, sondern bleibe gelassen – er hat sicherlich seine subjektlogischen Gründe dafür.

Sie können Ihre Einschätzungen quantitativ auswerten. Gewichten Sie jede Einschätzung »oft« mit drei Punkten, jede Einschätzung »ab und zu« mit zwei Punkten und jede Einschätzung »selten« mit einem Punkt. Addieren Sie dann alle Punkte – je näher die Gesamtzahl dem Maximum von 30 Punkten kommt, desto stärker ist Ihre Überzeugung, mit der personzentrierten Arbeitsweise positiv zu wirken.

Führen Sie aber auch eine qualitative Betrachtung Ihrer Einschätzungen durch:

- Aussagen, die Sie mit »oft« eingeschätzt haben: Bei welchen Personen und in welchen Situationen denken/handeln Sie so, und wie reagieren die Personen darauf?
- Aussagen, die Sie mit »ab und zu« eingeschätzt haben: Wann denken/handeln Sie so (bei welchen Personen/Situationen) und wann nicht? Was bringt Sie dazu es zu tun, und was hält Sie davon ab? Wie könnten Sie die Hindernisse überwinden?

3.3 Die Selbstwirksamkeit durch praktizierte Personzentriertheit stärken

- Aussagen, die Sie mit »selten« eingeschätzt haben: Wie kommt es, dass Sie es kaum schaffen so zu denken/handeln? Was könnte Ihnen helfen es häufiger zu tun?

Es gibt noch eine Möglichkeit, an der Stärkung der eigenen personzentriert-mitmenschlichen Selbstwirksamkeit zu arbeiten: sich jeden Tag vor dem Eintritt in das berufliche Handlungsfeld das eine oder andere Gebot aus den unten aufgelisteten zehn Geboten alltäglicher Personzentriertheit auszuwählen und es in der Kommunikation/Interaktion mit den zu unterstützenden Menschen bewusst umzusetzen (und auch anschließend zu reflektieren).

Der Begriff »zehn Gebote« impliziert zwar fast automatisch Religiosität und Glauben, und um die geht es in diesem Buch nicht. Bei der Verwendung des Ausdrucks »zehn Gebote« geht es um eine Metapher, die den Stellenwert bewusster Selbststeuerung auf dem Weg zur Stärkung der Selbstwirksamkeit verdeutlichen soll. Es besteht aber noch eine Verbindung zur Kirche, denn zur Formulierung der zehn Gebote der alltäglichen Personzentriertheit haben den Autor die von Papst Johannes XXIII. ausgearbeiteten Grundlagen der Gelassenheit, bekannt auch als Dekalog der Gelassenheit (vgl. Papst Johannes XXIII 2006) inspiriert.

Mit bürgerlichem Namen hieß er Angelo Giuseppe Roncalli (* 25.11.1881, † 03.06.1963). Als Papst stand er der katholischen Kirche vom 28.10.1958 bis zum Tode vor, und von den Gläubigen wurde er »il papa buono« genannt – der gute Papst. Am 03.09.2000 wurde er selig- und am 27.04.2014 heiliggesprochen. Er war imstande, auch in schwierigen Situationen gelassen zu bleiben und die Geschicke der Kirche zu managen. Seine einfache und unkomplizierte Lebensphilosophie verfasste er in den zehn Geboten der Gelassenheit.

Das Fundament einer gelassenen Lebenshaltung im Sinne von Johannes XXIII. besteht darin, dass man die diesbezüglichen Vorhaben nicht alle auf einmal und sofort umzusetzen sucht, sondern sich jeweils am Morgen nur auf etwas Bestimmtes für den bevorstehenden Tag konzentriert (»Nur heute nehme ich mir vor ...«). Es ist eine Art »Salamitaktik«: Statt die ganze Stange auf einmal verschlingen zu wollen, schneidet man sich immer wieder nur ein Scheibchen ab und vernascht es genüsslich – so lange, bis irgendwann die ganze Stange aufgegessen ist.

Auch wichtig: Gelingt die Umsetzung des Vorhabens trotz des Bemühens nicht ganz, braucht man sich deswegen keine Vorwürfe zu machen. Erstens hat man ja gezielt und konsequent an der Umsetzung gearbeitet, und zweitens gibt es ja den nächsten Tag, an dem man sich das Gleiche nochmal vornehmen kann.

Diese Kombination zwischen einem gezielten Einsatz für ein überschaubares, selbstgewähltes Anliegen und der Gewissheit, dass es hierfür bei Bedarf weitere Versuche geben kann, sichert das Vorankommen auf dem Weg zur Erledigung vieler mannigfaltiger Aufgaben, die das Leben und der (Berufs-)Alltag dem Menschen stellen – wie schwierig und unangenehm sie auch immer sein mögen.

Selbststeuerungshilfe: Die zehn Gebote der alltäglichen Personzentriertheit

Die Selbstwirksamkeit im Kontext des personzentrierten Arbeitens stärken zu wollen stellt eine Aufgabe dar, die von der o. g. Kombination profitieren kann. Sich am Anfang des Tages etwas Konkretes vornehmen, es tagsüber zu beherzigen und umzusetzen sowie dann am Tagesende die Umsetzung zu reflektieren, das ist die Selbststeuerungsstrategie. Was es konkret sein soll, das man sich für den Tag vornimmt, das lässt sich aus den zehn Geboten der alltäglichen Personzentriertheit auswählen.

1. Nur für heute werde ich genau planen, worauf ich im personzentrierten Umgang mit anderen achten werde. Vielleicht schaffe ich das nicht bei jedem und in jeder Situation, aber ich werde es mir vornehmen und tun, was möglich ist.
2. Nur für heute nehme ich mir vor, personzentriert aufzutreten. Ich werde ...
   - niemanden als Person bewerten;
   - mich bemühen, das Verhalten anderer in deren subjektiver Sinnlogik zu verstehen;
   - versuchen, die Bedürfnisse anderer zu erkennen und deren Befriedigung – soweit es geht – zu ermöglichen;
   - nicht danach streben, die anderen zu ändern/zu verbessern ... sondern nur mich selbst.
3. Nur heute werde ich keine Angst haben, dass ich etwas falsch oder nicht richtig machen könnte. Vielmehr werde ich an die gute Wirkung meiner Personzentriertheit glauben – es liegt bei mir, das Gute zu bewirken.
4. Nur heute werde ich eine gute Tat vollbringen, indem ich einem Menschen meine volle Aufmerksamkeit schenke und dafür sorge, dass er sich mit mir wohl fühlt.
5. Nur heute werde ich zehn Minuten meiner Zeit einer Reflexion meiner Personzentriertheit widmen – vor allem bei Menschen, bei denen es mir schwerfällt, personzentriert zu sein.

6. Nur heute werde ich etwas erledigen/tun, wozu ich keine Lust habe. Sollte ich mich dabei belastet oder nicht ernst genommen fühlen, werde ich das mit einer Person meines Vertrauens besprechen.
7. Nur heute werde ich nach dem schauen, was mir selbst guttut, und es auch tun – ohne dass andere darunter leiden oder »die Zeche bezahlen« müssen.
8. Nur heute werde ich mich damit abfinden, dass trotz all meiner Mühe, positiven Einfluss auf andere und auf das Geschehen zu nehmen, nicht alles in meiner Hand liegt.
9. Nur heute werde ich die Umstände ernst nehmen und mich im Rahmen des Möglichen anpassen, ohne zu verlangen, dass sie meinen Wünschen entsprechen (müssen).
10. Nur heute werde ich mich bemühen, den Tag trotz aller zum Alltag gehörenden Probleme und Erschwernisse als einen guten Tag zu gestalten und zu erleben.

Folgende drei Prinzipien sind für die Nutzung der zehn Gebote im Berufsalltag wichtig:

- Bitte nicht jeden Tag versuchen alle zehn Anregungen umzusetzen! Nur einzelne davon auswählen, je nachdem, was für den einen oder anderen Tag zu erwarten ist (Aufgaben, Personen, Situationen ...) und in welcher Verfassung sich der/die Nutzer/in befindet. Dadurch beugt man einer Selbstüberforderung vor, denn zu viel des Guten auf einmal ist i. d. R. nicht gut.
- Ohne Reflexion und dadurch gewonnene Orientierung im eigenen bewussten Tun mit seiner Wirkung kann es keine Stärkung der Überzeugung »Ich kann das und es bringt etwas!« geben.
- Es ist zwar nicht jedermanns Sache, aber trotzdem – kurz zu notieren, was man sich vorgenommen hat, wie die Umsetzung gelungen ist sowie was man aus dieser Erfahrung gelernt hat (also eine Art Tagebuch zu führen), ist für die Stärkung der Selbstwirksamkeit ziemlich hilfreich.

Kleiner Wissenscheck zu Selbstwirksamkeit

- Was wird unter Selbstwirksamkeit verstanden, worauf bezieht sich dieser Begriff?
- Aus welchen Quellen speist sich die Überzeugung eines Menschen, etwas gut zu können und zu schaffen?
- Wie hängt die Selbstwirksamkeit mit der familiären und beruflichen Sozialisation zusammen?

3 Professionelle Personzentriertheit entfalten (»Mitmensch von Beruf« sein): Wie denn?

- Was ist für die Herausbildung und Stärkung der Selbstwirksamkeit im Kontext des personzentrierten Arbeitens wichtig/hilfreich/erforderlich?

3.4 Personzentriertes Arbeiten zur Selbstverständlichkeit machen

Der Mensch in seiner Eigenschaft als »Gewohnheitswesen« tendiert dazu, sein Verhalten zu automatisieren. In der Kommunikation und Interaktion mit anderen Menschen verlagert er die ursprünglich bewusst verwendeten Faktoren, die sein Verhalten beeinflussen (z. B. persönlich wichtige Werte, Überzeugungen, Gefühle, Hoffnungen und Befürchtungen, Ziele usw.), nach und nach in die nicht bewusste Ebene. Von dort steuern sie weiterhin das Verhalten, ohne jedoch dabei bewusste Orientierungs- und Entscheidungsleistungen zu beanspruchen. Das spart Energie und Zeit – der Mensch muss dann nicht viel nachdenken, verhält sich sozusagen »wie gewohnt« und kann sich auf der bewussten Ebene mit anderen Angelegenheiten beschäftigen.

Die Fähigkeit zur Gewohnheitsbildung zeichnet nicht nur den Menschen aus, auch Tiere haben sie. So hat z. B. der Verhaltensforscher Konrad Lorenz aufgrund seiner Beobachtungen und Analysen u. a. festgestellt, dass schon bei jungen Tieren bestimmtes Verhalten, welches in einer bedrohlichen bzw. als bedrohlich empfundenen Situation vielleicht nur zufällig ausgeführt wird und sich als hilfreich erweist, schnell automatisiert und zu einer Gewohnheit wird. Dahinter steht die evolutionäre Notwendigkeit aller Lebewesen, diejenigen Verhaltensweisen zu automatisieren, mit denen die Wahrscheinlichkeit des eigenen Überlebens in ähnlichen Situationen steigt.

In seinem Buch »Die Macht der Gewohnheit« beschreibt Charles Duhigg, ein amerikanischer Wirtschaftsjournalist, das Entstehen und den Verlauf von Gewohnheiten (vgl. Duhigg 2012, 23 ff.). Das Gehirn erleichtert sich die Steuerungsaufgabe, indem es die ursprünglich bewusst gesteuerten Abläufe automatisiert und sie in Gewohnheiten umwandelt. Voraussetzung dafür ist, dass der betreffende Ablauf regelmäßig passiert und dem Individuum dabei eine (subjektlogisch wichtige) Art »Gewinn« sichert. Diese Automatismen verlaufen kreisförmig (Duhigg: Gewohnheitsschleife) und bestehen aus drei Phasen:

3.4 Personzentriertes Arbeiten zur Selbstverständlichkeit machen

- Am Anfang steht der *Auslöserreiz* (es gibt nichts, was diese Wirkung nicht haben könnte, z. B. ein bestimmter Ort, eine bestimmte Situation, eine Person, ein bestimmtes Ereignis ...). Dieser startet eine
- Reaktion, die aufgrund vieler bisheriger (erfolgreicher) Wiederholungen zu einer automatisierten *Verhaltens-, Empfindungs- und/oder Verhaltensroutine* geworden ist, weil sie zuverlässig eine (ersehnte)
- subjektlogisch wichtige *Belohnung* sichert (i. d. R. ein mehr oder weniger gutes Gefühl, welches im Kontext von Erleichterung/Erfolgserlebnis entsteht und generell mit einer Bedürfnisbefriedigung einhergeht).

Im zentralen Nervensystem, konkret in den evolutionsgeschichtlich sehr alten und zentralen Hirnstrukturen, den sog. Basalganglien, wird durch die Wiederholungen dieses Verlaufs eine Verbindung zwischen dem Auslöserreiz und der Belohnung angelegt. Die Routine wird als der Weg zwischen den beiden Variablen abgespeichert und die Gewohnheitsschleife steuert fortan energiesparend den Menschen. Das Gehirn hat gelernt: »Bei diesem Auslöserreiz muss dies und jenes empfunden/gedacht/gemacht werden, um zu der Belohnung zu gelangen.«

Der automatisierte Verlauf ist zwar dem Individuum oft nicht bewusst. Dennoch ist die Gewohnheit durchaus schon während des Verlaufs oder im Nachhinein wahrnehmbar (siehe z. B. rauchen, Bier trinken, sich bewegen usw.). Wichtig ist zu wissen, dass nicht nur Handlungen gewohnheitsmäßig verlaufen, sondern dass auch Empfindungen und Gedanken zur Gewohnheit werden können.

Noch eine wichtige Tatsache: Kommt man mit der automatisierten Schleife immer wieder zur Belohnung, dann geht damit auch eine (nicht immer bewusste) Erwartungshaltung hinsichtlich der Belohnung einher. Da es allerdings keine hundertprozentige Gewinnsicherheit gibt (dafür ist das Leben zu komplex und bunt), bleibt ab und zu die als sicher betrachtete und erwartete Belohnung aus. Dann reagiert der »unbefriedigte Gewohnheits-Nutzer« mit Frust und Ärger. Das ist zu beachten, wenn es um die Herausbildung von neuen bzw. um Veränderung von unerwünschten Gewohnheiten geht, wo vor allem in der Anfangsphase die eine oder andere Erfolgserwartung nicht in Erfüllung geht.

> **Ein Exkurs in die Verkehrswelt**
> Ein Beispiel für diese Verhaltensautomatisierung stellt das Autofahren dar. Mit dieser Fähigkeit wird kein Mensch geboren, sie muss erlernt werden. Am Anfang des Lernprozesses wird die motorische Koordination (Kupplung

3 Professionelle Personzentriertheit entfalten (»Mitmensch von Beruf« sein): Wie denn?

> austreten, Gang einlegen, gleichzeitig Gas geben und Kupplung loslassen) bewusst gesteuert und verläuft noch recht holprig, sodass das »Abwürgen« des Motors oder einige »Sprünge« beim Anfahren so gut wie vorprogrammiert sind. Ohne sich die »Befehle« zu entsprechenden Bewegungen zu geben, kommt der Lehrling des Autofahrens nicht vom Fleck.
>
> Mit jedem erfolgreichen Versuch loszufahren automatisiert sich die Bewegungskoordination von Beinen und Armen nach und nach, sodass der Fahrer irgendwann die Bewegungen nicht mehr bewusst steuern muss. Das Anfahren gelingt problemlos, die Fahrt wird »runder« und fließender, die Aufmerksamkeit ist nun frei und kann bewusst auf den Verkehr gerichtet werden. Fortan befasst sich der Fahrer nicht mehr mit der Frage »Wie setze ich das Auto in Bewegung?«, sondern mit der Überlegung »Wie komme ich in diesem Verkehr sicher ans Ziel?«

Dieses Beispiel verdeutlicht das Positive des automatisierten, nicht bewusst gesteuerten Verhaltens: Es schafft Freiraum für eine Ausrichtung der bewussten Aufmerksamkeit und Verhaltenssteuerung auf andere Themen/Inhalte/Prozesse.

Nur – die Automatisierung hat auch eine »dunkle Seite«, nämlich die fehlende Flexibilität. Sie besitzt eine Steuerungskraft, die immer den gleichen Verhaltensablauf zu sichern sucht. Deshalb ist es ein schwieriges Unterfangen, ein einmal automatisiertes Verhalten zu verändern. Das kann ebenfalls am Beispiel »Autofahren« belegt werden: Wer gelernt hat, ein Auto mit Schaltgetriebe zu fahren, und auf ein Auto mit Automatikgetriebe umsteigen will, muss sich »entautomatisieren«, um fahren zu können. Also ganz bewusst die rechte Hand »deaktivieren« (es gibt ja keinen Schalthebel) und den linken Fuß »abstellen« (das Kupplungspedal gibt es auch nicht). Wer das einmal erlebt hat, weiß, wovon die Rede ist.

Selbstverständlich ist das Umlernen gut möglich, aber es verlangt dem Fahrer eine Zeit lang (bis das neue Verhalten sich automatisiert hat) ziemlich viel Konzentration und Aufmerksamkeit zum Zwecke der bewussten Selbststeuerung ab.

Hinweise und Anregungen: Personzentriertheit als Gewohnheit

Eine Fachperson, die ihr Verhalten im Berufsalltag um eine Gewohnheit zur personzentriert-mitmenschlichen Umgangsweise mit den zu unterstützenden Menschen erweitern will, kommt an der »Entautomatisierung« der eigenen natürlichen, i. d. R. automatisierten Art des manchmal kontraproduktiven Auftretens, sowie an der Einübung einer bewusst gesteuerten Verhaltensalternative nicht vorbei. Denn sobald der Fachperson die kontraproduktive Gewohnheit bewusst wird, trägt sie die Verantwortung für ihre Veränderung.

Das Umlernen bzw. Ändern des Gewohnten ist bekanntlich immer schwieriger als das Erlernen des Neuen. Conditio sine qua non für das Gelingen einer solchen Aufgabe: Man muss an die Veränderung glauben und die Willenskraft walten lassen, die wie eine Schlüsselgewohnheit bei der Bewältigung vieler Lebens- und Alltagsangelegenheiten im Hintergrund wirkt.

Charlie Chaplin beschreibt diesen Aspekt sehr klar: Er war vom komischen Gang des ihm bekannten Müllmanns Rummy Binks fasziniert und hatte ein starkes Interesse daran, diesen Gang zu erlernen (= Motivation). So übte er jeden Tag, war davon wie besessen (= Willenskraft), und jedes Mal, wenn er diesen Gang vorführte, waren ihm die Lacher gewiss (= Belohnung). Und irgendwann war dieser komische Gang so automatisiert, dass er ihn nicht mehr loswerden konnte (= Gewohnheit).

Außerdem sind folgende Faktoren zu berücksichtigen (vgl. Ondracek 2015, 99 f.):

Relevantes Fachwissen
Ausgewählte psychologische Erkenntnisse über das menschliche Empfinden, Denken, Verhalten und Handeln im Kontext des personzentrierten Arbeitens sind in diesem Buch kurz dargestellt worden. Es ist empfehlenswert, sie nach Bedarf aus der Fachliteratur zu erweitern/zu vertiefen.

Orientierung im eigenen Verhalten
Eine gute Orientierung im eigenen Verhalten lässt sich aus keinem Fachbuch gewinnen. Vielmehr ist es eine Beobachtungsaufgabe. Sie setzt die Fähigkeit voraus, sich selbst während des eigenen geläufigen Verhaltens (innere Regungen, Empfindungen, Gedanken, Ziele, Gesten, Bewegungen ...) sowie auch dessen Wirkung auf das Gegenüber wahrzunehmen. Im Nachhinein soll dann die Interaktion – diesmal mit Abstand – reflektiert werden. Dabei sollen die Situation, das Gegenüber, das eigene Verhalten und dessen Wirkung fokussiert werden. Und zwar ehrlich und selbstkritisch. Das ist in der Tat keine leichte Aufgabe.

Konkretes Vorhaben aus dem Repertoire personzentrierter Verhaltensmerkmale für die bevorstehende Interaktion, Umsetzung dieses Vorhabens sowie präzise Reflexion der durchgeführten Interaktion mit Schlussfolgerungen für die nächste Interaktion

3 Professionelle Personzentriertheit entfalten (»Mitmensch von Beruf« sein): Wie denn?

Die fachlich in der Sache und auch in sich selbst gut orientierte Fachperson weiß, was sie konkret im personzentrierten Sinne tun und lassen will. Somit ist es ihr besser möglich, ihr geläufiges automatisiertes Verhalten zu »deaktivieren« und es in der Interaktion mit dem zu unterstützenden Menschen durch beabsichtigte personzentrierte Verhaltenselemente zu ersetzen sowie anschließend zu reflektieren. Ebenfalls sollen aus dieser Erfahrung mit der bewussten Selbststeuerung entsprechende Lehren gezogen werden.

Üben, üben, üben
Man sagt »Einmal ist Keinmal«, und das trifft hier voll zu. Die Entfaltung der eigenen beruflichen Personzentriertheit ist eine Lernaufgabe mit System, Plan und viel Übung. Wer sie wirklich bewältigen will, muss zu einem »Wiederholungstäter« im besten Sinne des Wortes werden. Also immer wieder das tun, was mit den drei oben beschriebenen Faktoren beschrieben wurde: Sich etwas ganz Konkretes vornehmen (und zwar in unterschiedlichen Situationen, Kontexten, Stimmungen und bei unterschiedlichen zu unterstützenden Menschen), es dann umsetzen, anschließend die Interaktion reflektieren (was war leicht und was schwierig, wie wirkte es?) und daraus Lehren ziehen. Und zwar so oft, bis in der Interaktion/Kommunikation mit (möglichst) jedem Gegenüber die personzentriert-mitmenschliche Umgangsart zu einer gewohnheitsmäßigen Selbstverständlichkeit wird.

Kleiner Wissenscheck zu Gewohnheit

- Was ist eine Gewohnheit und wozu ist sie gut?
- Wie entstehen Gewohnheiten und welche Phasen weist der Gewohnheitsverlauf auf?
- Was kann alles zur Gewohnheit werden?
- Was fehlt der Gewohnheit, wenn die Bedingungen ihres Verlaufs sich ändern?
- Was ist erforderlich für eine gelingende Herausbildung bzw. Veränderung von Gewohnheiten?
- Welche weiteren Faktoren sind bei der Herausbildung bzw. Veränderung von Gewohnheiten zu berücksichtigen?

3.5 Sich mit Gleichgesinnten verbinden und Unterstützung nutzen

Wenn es um Selbsterforschung und Selbststeuerung geht, bleibt man am liebsten mit sich selbst allein. Das ist durchaus verständlich und nachvollziehbar – wer geht schon bereitwillig mit Erkenntnissen über sich selbst hausieren, auf die man u. U. nicht besonders stolz ist? Das sind die Schwierigkeiten, Probleme, Tendenzen, Verhaltensweisen, Gedanken, Empfindungen u. ä., die verborgen bleiben sollen. Diesbezügliche Transparenz ist immer mit Unsicherheit verbunden (»Was wird der andere über mich denken?«). Mit anderen Menschen wird eher über das gesprochen, was gelungen ist, gut funktioniert und eine soziale Bestätigung hervorrufen kann.

Hier geht es allerdings nicht um Ergebnisse eines geläufigen »Selbst-Trips«. Vielmehr haben die Leser und Leserinnen dieses Buches die Möglichkeit, sich auf einen anspruchsvollen Lern- und Übungsweg zur Verinnerlichung der personzentriert-mitmenschlichen Denk- und Handlungsphilosophie auf dem Feld des Umgangs mit den zu unterstützenden Menschen zu begeben. Hierbei erweist sich die Geschlossenheit gegenüber einem Austausch mit anderen Fachpersonen als kontraproduktiv. Auch wenn man im Alleingang sicherlich viele Einblicke in eigene Empfindungs-, Denk- und Handlungsweisen gewinnen kann, bieten eine gemeinsame Reflexion und Aussprache und der Erfahrungsaustausch mit gleichgesinnten Kolleginnen und Kollegen, verbunden mit Anregungen und Ermutigung, eine Form der Unterstützung, die man sich selbst nie geben kann.

Deshalb lohnt es sich, nach einer oder mehreren Fachpersonen zu suchen, die nicht nur Interesse am personzentrierten Arbeiten haben, sondern bereits personzentriert-mitmenschlich im Berufsalltag agieren, über diesbezügliche Erfahrung verfügen und zum unterstützenden Erfahrungsaustausch bereit sind. Besonders wichtig ist, dass sie eine freundschaftliche Kollegialität ausstrahlen, die Sicherheit vor Bewertung gewährt und zu Offenheit in der Reflexion und Aussprache motiviert.

Den eigenen Weg zum personzentrierten Arbeiten im Rahmen von offiziell organisierten Besprechungen wie Teamgesprächen, Fallbesprechungen oder Supervision zu reflektieren ist nicht gut möglich, weil diese sich mit anderen Angelegenheiten befassen (müssen). Es bleibt nichts anderes übrig, als sozusagen »privat«, d. h. außerhalb der offiziellen Besprechungen für die Unterstützung zu sorgen. Zugegeben – solche wie oben beschriebenen gleichgesinnten und hilfsbereiten Unterstützer/innen zu finden gelingt nicht immer.

3 Professionelle Personzentriertheit entfalten (»Mitmensch von Beruf« sein): Wie denn?

Oft muss man sich freuen, einen einzigen Kollegen oder eine einzige Kollegin zu finden, mit dem/der es möglich ist, gemeinsam zu schauen, wie der Lern- und Übungsprozess läuft. Da aber dabei der »Gewinn« in Form einer besseren Orientierung, Ermutigung sowie nützlicher Hinweise und Anregungen möglich ist, lohnt sich die Suche allemal.

Finden sich mehrere gleichgesinnte Fachpersonen zum gemeinsamen Erfahrungsaustausch über personzentriertes Arbeiten, lässt sich die gegenseitige Unterstützung und Bestärkung in Form einer inoffiziellen kollegialen Beratung angehen. Der Vorteil dieser Arbeitsform besteht im partnerschaftlichen Setting (es ist eine Intervision und keine Supervision), im strukturierten Vorgehen (inhaltliche Stringenz und Zeitersparnis) und darin, dass alle Beteiligten dem Besprochenen etwas ihnen persönlich Wichtiges abgewinnen können (Effizienz). Diese Vorgehensweise kann auch als gruppenunterstützte Selbstreflexion betrachtet werden. Das wesentliche Element dabei ist die Tatsache, dass die Teilnehmer voneinander lernen. Es ist eine »Sonderform der Beratung im beruflichen Bereich« (Schlee/Mutzeck 1996, 11).

Manche Leserinnen und Leser kennen möglicherweise die ausgearbeitete und bis ins Detail beschriebene Kollegiale Fallberatung. Um die geht es hier allerdings nicht. Für diejenigen, die eine gegenseitige Unterstützung unter Fachpersonen in Anspruch nehmen wollen, wird im Folgenden eine relativ einfache Form beschrieben, die für Unterstützung während des Lern- und Übungsprozesses bei Verinnerlichung und Anwendung der personzentrierten Arbeitsweise ausreicht. Sie wurde in Anlehnung an Grundsätze und Prinzipien der kollegialen Beratung erarbeitet (vgl. Tietze 2003).

Es handelt sich um einen Orientierungsvorgang im Rahmen eines strukturierten Vorgehens, bei dem die beteiligten Fachpersonen in einem dialogischen Gespräch gemeinsam eine Praxissituation reflektieren. Eine von ihnen (genannt »Fallgeber«) schildert diese Situation, die zum Gegenstand der gemeinsamen Betrachtung wird; die Anwesenden (genannt »Berater«) äußern ihre Ideen, Erfahrungen und Überlegungen. Die Heterogenität der geäußerten persönlichen Sicht- und Handlungsweisen ermöglicht eine Erörterung der vorgestellten Praxissituation aus unterschiedlichen Perspektiven. Das trägt beim »Fallgeber« zu einer besseren Orientierung bei und ermöglicht ihm eine Entscheidung über seine weitere Vorgehensweise. Auch die anderen anwesenden Fachpersonen können am Ende der Aussprache einen »Orientierungsgewinn« verbuchen. Der zeitliche Rahmen sollte ca. 90 Minuten nicht überschreiten, kann aber auch geringer sein.

Im Zentrum der kollegialen Unterstützung steht der »Fallgeber«, d. h. die Person, die eine Situation schildert. Er entscheidet im Vorfeld, welche Kollegen ihn als »Berater« unterstützen sollen. Diese müssen imstande sein, sich auf die von ihm dargestellte Situation einzulassen und ihr Wissen, ihr Know-how und ihre Erfahrung so einzubringen, dass der »Fallgeber« aus dem Spektrum diverser Impulse auswählen und ihm als hilfreich erscheinende konkrete Handlungsoptionen ableiten kann. Das tut er erst dann, wenn alle Anwesenden ihre Beiträge zu der geschilderten Situation geäußert haben. Bis dahin besteht seine Hauptaufgabe im Zuhören und Notieren der Äußerungen, die er für seinen Umgang mit der Situation als relevant und hilfreich erachtet.

Wichtig ist das Prinzip der Gegenseitigkeit: Die »Berater« von heute können durchaus demnächst als »Fallgeber« selbst eine Situation schildern – dann werden auch sie Unterstützung erfahren und von Wissen, Ideen, Anregungen und Erfahrung der anderen profitieren.

Folgende Faktoren tragen zum Gelingen der kollegialen Beratung bei:

- *Vertrauen*: Teilnehmer, die einander vertrauen, können offener miteinander sprechen.
- *Vertraulichkeit*: Verschwiegenheit über Inhalt und Abläufe nach außen hin.
- *Unterstützung*: Bemühen jedes Teilnehmers um die Unterstützung der anderen Beteiligten.
- *Wertschätzung*: Wechselseitige Wertschätzung ermöglicht Selbstoffenheit.

Die kollegiale Beratung funktioniert vor allem dann gut, wenn die Beteiligten folgende Anforderungen einer effizienten Vorgehensweise erfüllen:

- *Interesse/Neugier/Offenheit*: Eine interessierte, neugierige Haltung aller ist notwendig.
- *Rollendisziplin*: Sowohl der »Fallgeber« wie auch die Berater müssen ihre Rolle ausfüllen.
- *Visualisierungen*: Ideen, Anregungen, Erfahrungen etc. sollten nach Möglichkeit so abgebildet werden, dass sie von allen nachvollzogen werden können.
- *Dokumentation*: Die wichtigen Aussagen, Ideen, Hypothesen und Anregungen für den Fallgeber sollten nach Möglichkeiten notiert werden.
- *Zeitdisziplin*: Die geplante Zeit ist verbindlich.

Fazit:
Diese einfache Form kollegialer Beratung ist nichts anderes als eine strukturierte Form der Kommunikation, die von der Selbstreflexion des »Fallgebers« ausgeht und die Ressourcen der beteiligten Fachpersonen für die Suche nach zutreffenden Ideen und Anregungen nutzbar macht. Als solche ist sie

ein hilfreiches Instrument zur gegenseitigen Unterstützung beteiligter Fachpersonen im Rahmen von dialogischem Wissens- und Erfahrungsaustausch.

Wie bei jeder strukturierten Kommunikation hängt die Effizienz der kollegialen Unterstützung vom erforderlichen kommunikativen Verhalten ab – insbesondere die Selbst- und Zeitdisziplin sowie die Einhaltung der Rollen sind wichtig. In vielen Situationen reichen sicherlich weniger strukturierte Vorgehensweisen (spontaner Austausch, moderierte Diskussion etc.). Für die Überwindung konkreter und akuter Handlungsprobleme einer Fachperson (»Fallgeber«) ist es jedoch besser, der kollegialen Unterstützung den Vorzug zu geben.

Kleiner Wissenscheck zu kollegialer Unterstützung

- Was steht oft einer offenen und ehrlichen Aussprache mit anderen Menschen über die Selbsterkenntnisse im Weg?
- Worüber sollten die Fachpersonen verfügen, mit denen der Prozess der Verinnerlichung der personzentriert-mitmenschlichen Denk- und Handlungsphilosophie reflektiert werden kann?
- Als was kann eine inoffizielle kollegiale Beratung bezeichnet werden und welche Merkmale zeichnen sie aus?
- Wie verläuft diese Form kollegialer Unterstützung und welche Rollen haben die Beteiligten zu erfüllen?
- Welche Faktoren tragen zum Gelingen der kollegialen Beratung bei und welche Anforderungen sind zu erfüllen, um diese Form gegenseitiger Unterstützung effizient zu nutzen?

3.6 Rückblick auf die Entfaltung professioneller Personzentriertheit (»Mitmensch von Beruf« sein)

Von den theoretischen Grundlagen in Kapitel 1 ausgehend und auf den methodischen Hinweisen in Kapitel 2 aufbauend, konnte man dem letzten Abschnitt des vorliegenden Buches einige Anregungen zu einem eigenem Weg der Umwandlung der eigenen natürlichen Personzentriertheit in eine professionelle entnehmen.

Wer irgendwann im Berufsalltag (möglichst bei allen zu unterstützenden Menschen!) bewusst und gekonnt die personzentrierte Mitmenschlichkeit praktizieren, also wie ein »Mitmensch von Beruf« auftreten will, kommt an folgenden zu diesem Ziel hinführenden Aufgaben nicht vorbei:

- die personzentrierte Haltung in das eigene Selbstkonzept und berufliche Selbstverständnis aufnehmen und ihr starke Einflusskraft auf das eigene Empfinden, Denken und Handeln während der Interaktion und Kommunikation mit anderen Menschen zugestehen;
- sich selbst im Praxisfeld – trotz mancher Hindernisse im oft stressigen Berufsalltag – zur personzentrierten Arbeitsweise bewusst steuern;
- durch praktizierte und reflektierte Personzentriertheit die eigene Selbstwirksamkeit wahrnehmen und Zuversicht hinsichtlich positiver Wirkung auf andere und auf das Geschehen gewinnen;
- die »Gewinne« der personzentrierten Arbeitsweise (weniger Konflikte, tragfähigere Beziehungen, gelingende Kommunikation, stärkere Kooperationsbereitschaft, Entwicklungsfortschritte, angenehme Atmosphäre usw.) zur Befriedigung des eigenen Bedürfnisses nach Einfluss-Haben erheben, um aus dem beruflichen Mitmensch-Sein eine Gewohnheit zu machen.

Es gilt auch, auf diesem Übungsfeld nicht allein und einsam zu »ackern«, sondern gleichgesinnte Kolleginnen und Kollegen um Hilfe zu bitten und die gegenseitige Unterstützung für den Fortschritt bei der Entfaltung des eigenen »Mitmensch-von-Beruf«-Seins zu nutzen. Diese Inanspruchnahme bietet hohe Effektivität und stellt insofern das I-Tüpfelchen der Arbeit dar.

Fazit:
Das dritte Kapitel schließt die Ausführungen zum Thema »Personzentriert arbeiten in sozialen Berufen« mit einem Blickwinkel ab, ohne den das Buch ein unvollendetes Werk bleiben müsste. Denn allein das Theoriewissen um die Frage »Was ist Personzentriertheit?« und das Methodenwissen »Wie funktioniert Personzentriertheit?« machen aus einer Fachperson noch keinen »Mitmenschen von Beruf«. Erforderlich ist noch: einen persönlichen Bezug zur Personzentriertheit aufzubauen, sich selbst kennenzulernen, eigene kontraproduktive Gewohnheiten im Umgang mit anderen zu erkennen, personzentriert-mitmenschlich im Berufsalltag auftreten zu wollen sowie zu machen, reflektieren, üben und sich kollegiale Unterstützung zu holen.

Ohne dieses persönliche Engagement mag die Fachperson im Feld der Theorie und Methodik zwar gut dastehen, aber das eigene bewusste personzentrierte Handeln wird weiterhin der Zufälligkeit, Spontaneität und Sympathie unterworfen sein.

Persönliche Abschlussgedanken statt Nachwort

Im bisherigen Text habe ich den unpersönlichen Ausdruck »Der Autor hat ...« verwendet, wie es in der Fachliteratur nun einmal üblich ist. Jetzt ist allerdings das, was ich zum Ausdruck bringen wollte, niedergeschrieben, und ich kann in die persönlichere Ich-Form wechseln, um das Buch abzuschließen.

Zunächst möchte ich mich bei meinem geschätzten Kollegen Heinrich Greving für seine fachkundige und engagierte Meinung zu meinem Buch recht herzlich bedanken und selbstverständlich auch dem Kohlhammer-Verlag Anerkennung zollen für die Geduld, mit der mir die erforderliche Zeit gewährt wurde, um dieses Buch zu verfassen.

Zum Hintergrund des Buches einige Hinweise:
Die Vermittlung von Fachwissen und Know-how zum Thema »Personzentriertes Arbeiten« war ein wesentliches Anliegen meines Wirkens als Hochschul-, Weiter- und Fortbildungsdozent und (Praxis-)Berater in den Einrichtungen der Erziehungs-, Behinderten- und Altenhilfe. Die Überzeugung, dass ein personzentriert-mitmenschlicher Umgang mit den zu unterstützenden

Menschen sehr hilfreich für deren Unterstützung ist, entsprang der überwiegend positiven praktischen Erfahrung mit dieser Art der Interaktion und Kommunikation. »Überwiegend« bedeutet, dass sich nicht jedes Mal eine positive Wirkung eingestellt hat, insbesondere bei Personen, Situationen und persönlich ungünstiger Verfassung, die sich auf die mögliche positive Wirkung meiner Personzentriertheit negativ ausgewirkt haben.

In solchen Situationen half mir eine Erzählung von Jerry Bozard aus Austin, Texas (einer meiner Ausbilder im personzentrierten Ansatz) darüber, dass auch Carl Rogers ab und zu mit seinen Mitstreitern sozusagen ins Gefecht kam, wenn z. B. bei einem sog. cross-cultural-workshop die verteilten Aufgaben nicht erledigt wurden. Als er dann bei der Tagesreflexion darauf angesprochen wurde, dass seine Aussprache mit dem betreffenden Kollegen nicht personzentriert war, antwortete C. Rogers mit folgender Feststellung: »He is not my client!« Es ist beruhigend zu wissen, dass über mein personzentriertmitmenschliches Auftreten nur ich entscheide und niemand anders. Halte ich mich daran, beweise ich meine Selbststeuerungsfähigkeit.

So, von wissens- und erfahrungsgetränkter Personzentriertheit hoffnungslos »infiziert«, ist es mir wichtig, weitere Fachpersonen über diese Arbeitsweise zu informieren, aufzuklären und sie dafür zu motivieren, sich auf den Weg der »Verberuflichung« ihrer natürlich-mitmenschlichen Umgangsart zu begeben. Dieser Weg ist nicht einfach und verlangt vieles ab. Der mögliche »Gewinn« aber gleicht die Anstrengung wieder aus – im Berufsalltag erlebt man weniger Konflikte und Auseinandersetzungen und mehr Zusammenarbeit, die Interaktionen und die Kommunikation werden lebhafter und angenehmer, die Beziehungen werden stabiler und tragfähiger. Das alles kann durchaus öfter zustande kommen, jedoch nicht immer. Denn das personzentrierte Arbeiten ist garantiert kein Garant für »Frieden – Freude – Eierkuchen«.

Die Verinnerlichung der personzentriert-mitmenschlichen Denk- und Handlungsphilosophie beschert nicht nur befriedigende Momente, zumindest bei mir ist das so. Es ist für mich beispielsweise schwer zu ertragen, wenn ich als »eingefleischter« personzentrierter Mitmensch mitbekomme, dass (und auf welche Art und Weise) andere Personen respektlos, missachtend, manipulierend, desinteressiert, ablehnend, bestimmend, grob, aggressiv usw. miteinander umgehen. Mir als Außenstehendem fallen andere, mehr konstruktive und respektvollere Verhaltensweisen ein und ich muss meinen Impuls zurückhalten, die Beteiligten darüber aufzuklären. Eben weil das in dieser laufenden Interaktion nichts brächte, und – mit C. Rogers gesagt – sie sind nicht meine Klienten. Also mache ich aus der Not eine Tugend und übe mich in bewusster Selbststeuerung. Ist zwar auch ein »Gewinn«, aber fühlen tue ich mich dabei trotzdem nicht besonders gut ...

Persönliche Abschlussgedanken statt Nachwort

Wozu soll diese meine Erfahrung gut sein? Diejenigen, die daran arbeiten wollen, ein personzentrierter »Mitmensch von Beruf« zu werden, sollen wissen, dass die Betrachtung der Welt durch die Personzentriertheitsbrille nicht immer von angenehmen Empfindungen begleitet wird, weil eben die Welt zwar vieles, aber wirklich nur ganz wenig personzentriert ist. Und sie sollten wissen, dass sie lernen müssen damit umzugehen – sonst stehen sie in Gefahr, die soziale Umwelt mit der »Keule der Personzentriertheit« zu züchtigen. Was ziemlich kontraproduktiv ist.

Weil ich mit 72 Jahren nicht mehr so aktiv im Beruf stehe wie früher, beschloss ich vor einiger Zeit, mein Fachwissen und Know-how, die Erfahrung und Überzeugung sowie auch all die Arbeitsblätter, Reader, Aufsätze und Skripte zum Thema Personzentriertes Arbeiten, die ich während meiner aktiven Zeit erstellt habe, zu ordnen, zu exzerpieren, zu ergänzen, neu zu formulieren usw., mit dem Ziel, ein »Personzentriertheitsbuch« für die Kolleginnen und Kollegen aus den bunten Praxisfeldern der sozialen Berufe zu verfassen.

Es sollte ihnen als Ermutigung dienen, insbesondere bei belastender/schwieriger Interaktionen und stockender/unbefriedigender Kommunikation im Berufsalltag: »Nicht verzagen, es geht auch anders und Sie können das auch – also versuchen Sie es!« Das Ergebnis liegt nun vor und ich hoffe, dass die Lektüre diese ermutigende Wirkung haben wird. Es ist ein persönliches Buch, eine Einladung dazu, an dem relevanten Fachwissen, angereichert durch meine persönliche Erfahrung, teilzuhaben.

Die heutige soziale Welt ist deutlich vom Merkmal der Ich-Bezogenheit und sozialer Kälte geprägt. Diese Feststellung ist nicht wissenschaftlich mit statistischen Daten belegt, aber ich beobachte es jedes Mal, wenn ich unter den Menschen bin. Hier einige Beispiele:

- Viele Menschen sehen vor allem sich selbst im Mittelpunkt und nehmen andere nur als Empfänger von Tweets und Selfies wahr. Diese Selbstbedeutung (ver)führt sogar schon die eine oder andere Person so weit, dass sie beim Versuch einer besonders beeindruckenden Selbstaufnahme an einer Klippe oder einem Abgrund abstürzt und sich schwer verletzt (die Medien berichten prompt darüber). Eine so starke Selbstzentriertheit blendet offensichtlich die reale Gefahr aus …
- Steige ich in die U-Bahn ein, stehen und sitzen dort Fahrgäste, die im Verhältnis von ca. sieben bis acht von zehn mit ihren Smartphones beschäftigt sind und an der sozialen Umgebung kein Interesse haben.
- Im Park sehe ich oft junge Mütter (mittlerweile aber auch Großmütter), die einen Kinderwagen vor sich herschieben und dabei ebenfalls mit dem

Smartphone hantieren – obwohl das Kind im Wagen wach ist und sein Bedürfnis nach Kontakt und Aufmerksamkeit unmissverständlich signalisiert.

Es ist deshalb gut, dass die ca. zwei bis drei von zehn Menschen auch heute noch in sozialen Situationen um sich herum statt auf ihr Smartphone schauen und (hoffentlich) nach dem Motto vorgehen, dass es immer die Verbindungen mit Menschen sind, die dem Leben seinen Wert geben (ich weiß noch, dass Wilhelm von Humboldt das schrieb, aber nicht mehr, wo ich es gelesen habe).

Dieser Trend zur Ich-Bezogenheit mit der Folge der sich verbreitenden sozialen Kälte in der Gesellschaft lässt sich nicht global ändern. Was aber durchaus zu ändern ist, ist die persönliche Art des Auftretens und Agierens im sozialen Feld – in »face-to-face«-Situationen mit anderen Menschen für ein Klima zu sorgen, in dem Kontakterleben und Begegnungen möglich sind. Analog zu der Sicht von Jonathan Safran Foer, der in seinem Buch »Wir sind das Klima« (vgl. Foer 2019) für den individuellen Beitrag durch bewusste Reduzierung eigener klimaschädlicher Gewohnheiten wirbt, lässt sich durch bewusste Personzentriertheit in diversen sozialen Feldern eine Atmosphäre erzeugen, die der übertriebenen Selbstbedeutung und der sozialen Kälte entgegenwirkt. Ganz nach dem Motto »Ich bin das soziale Klima« …

Wichtig ist zu wissen, dass jeder Leser und jede Leserin frei sein soll in der Überlegung und Entscheidung, die Inhalte samt Selbsterforschungsanregungen, Hinweisen und Anregungen sowie die kleinen Wissenschecks durchzuarbeiten und sich auf den Weg von »natürlich« zu »beruflich« zu begeben, und selbstverständlich dann im Kontext der eigenen Erfahrung zu beschließen, was für die eigene personzentrierte Mitmenschlichkeit im Berufsalltag gut und nützlich ist und was nicht. Ich gehe davon aus, dass sowieso nicht alles, was hier steht, für alle gleichermaßen verwendbar ist, weil eben die Personzentriertheit immer eine persönliche Offenbarungsform hat. Und das ist gut so. Denn – in einer Welt zu leben, die voll von hundertprozentig personzentrierten Menschen ist, wäre mit hoher Wahrscheinlichkeit unerträglich (zumindest für mich).

So kann ich mich freuen, wenn der/die eine oder andere Leser/in mit Interesse und Ausdauer (vielleicht auch mit Freude?) das Buch durchliest und aus der Lektüre etwas mitnimmt, was seiner/ihrer eigenen bewussten Personzentriertheit im Berufsalltag (vielleicht auch im Privatleben?) zuträglich sein kann. Ganz nach dem Motto »Nicht jedem das Gleiche, sondern jedem das Seinige!« Gelingt das (und sei es auch nur in einigen Einzelfällen), dann hat das Buch seinen Zweck erfüllt.

Petr Ondracek

Literaturverzeichnis

Adler, Alfred [1918] 2001: Praxis und Theorie der Individualpsychologie. Frankfurt a. M.: Fischer.
Adler, Alfred [1928] 1992: Die Technik der Individualpsychologie 1. Die Kunst eine Lebens- und Krankengeschichte zu lesen. Frankfurt a. M.: Fischer.
Adler, Alfred [1929] 1994: Neurosen. Fallgeschichten. Frankfurt a. M.: Fischer.
Adler, Alfred [1933] 1992: Der Sinn des Lebens. Frankfurt a. M.: Fischer.
Adler, Alfred 1978: Lebenskenntnis. Deutsche Erstausgabe. Frankfurt a. M.: Fischer.
Ansbacher, Heinz L. & Ansbacher, Rowena R. (Hrsg.) 1995: Alfred Adlers Individualpsychologie. Eine systematische Darstellung seiner Lehre in Auszügen aus seinen Schriften. Bearbeitung der Quellenangaben und der Adler-Biographie von Robert F. Antoch. 4., erg. Auflage. München, Basel: Ernst Reinhardt.
Argyle, Michael 1999: Causes and correlates of happiness. In: D. Kahneman, E. Diener & N. Schwarz (Hrsg.): Well-being: The Foundation of Hedonic Psychology (S. 353–373). New York: Russell Sage Foundation.
Arntz, Klaus 1996: Unbegrenzte Lebensqualität? Bioethische Herausforderungen der Moraltheologie. Berlin, Münster, Wien, Zürich, London: LIT Verlag.
Bandura, Albert 1979: Sozial-kognitive Lerntheorie. Stuttgart: Klett-Cotta.
Bandura, Albert 1986: Social foundations of thought and action: A social cognitive theory. Englewood Cliffs, N. J.: Prentice Hall.
Bandura, Albert 1977: Self-Efficacy: Toward a Unifying Theory of Behavioral Change. In: Psychological Review 64(2), S. 191–215.
Beauftragte der Bundesregierung für die Belange von Menschen mit Behinderung 2019: Die UN-Behindertenrechtskonvention. Übereinkommen über die Rechte von Menschen mit Behinderungen. Quelle: https://www.behindertenbeauftragte.de/SharedDocs/Publikationen/UN_Konvention_deutsch.pdf?__blob=publicationFile&v=2 (20.12.2019).
Beltz, Jürgen 2007: Personzentrierte Psychotherapie. In: J. Beltz: Grundkonzepte der Psychotherapie: Mit CD-ROM. 6., vollst. überarb. Auflage. Weinheim: Psychologie Verlags Union, Verlagsgruppe Beltz, S. 163–182.
Benesch, Hellmuth 1990: Wozu Weltanschauung. Eine psychologische Bestandsaufnahme. Frankfurt a. M.: Fischer.
Benson, Nigel, Collin, Catherine, Ginsburg, Joannah, Grand, Voula, Lazyan, Merrin & Weeks, Markus 2012: Das Psychologie-Buch. München: Dorling Kindersley.
Bischoff-Wanner, Claudia 2002: Empathie in der Pflege. Begriffsklärung und Entwicklung eines Rahmenmodells. Bern, Göttingen, Toronto, Seattle: Verlag Hans Huber.
Bloemers, W., Eriksson, B. et al. 1998: Handicap – Disability – Learning and Living Difficulties. Policy and Practice in Different European Settings. Magdeburg: EU/Socrates Programme.
Boeree, George C. [1998] 2006: Persönlichkeitstheorien. Abraham Maslow (1908–1970). Shippensburg University, USA. Deutsche Übersetzung: D. Wieser M. A., 2006. Quelle: http://www.social-psychology.de/do/PT_maslow.pdf (19.08.2019).

Literaturverzeichnis

Borkowski, Barbara 2003: Erfahrungsbericht über die Weiterbildungsmaßnahme »Personzentriertes Arbeiten mit Elementen der Prä-Therapie bei Menschen mit geistiger Behinderung und/oder Altersdemenz«. Burscheid: unveröffentlicht.

Bourne, Lyle E. & Ekstrand, Bruce R. 1992: Einführung in die Psychologie. Eschborn bei Frankfurt a. M.: Dietmar Klotz.

Brunner, Reinhard & Titze, Michael (Hrsg.) 1995: Wörterbuch der Individualpsychologie. Begründet von Rudolf Kausen. 2., neubearb. Auflage. München, Basel: Ernst Reinhardt.

Cambridge Dictionary 2019: English grammar today. Person, persons or people? Quelle: https://dictionary.cambridge.org/de/grammatik/britisch-grammatik/person-persons-or-people (22.08.2019).

Ciaramicoli Arthur P. & Ketcham, Katherine 2002: Der Empathie-Faktor. Mitgefühl. Toleranz, Verständnis. München: dtv.

Clemens, Monika 2003: Erfahrungsbericht über die Weiterbildungsmaßnahme »Personzentriertes Arbeiten mit Elementen der Prä-Therapie bei Menschen mit geistiger Behinderung und/oder Altersdemenz«. Leichlingen: unveröffentlicht.

Dollard, John S., Doob, Leonard W., Miller, Neal E., Mowrer, Orwal H. & Sears, Robert R. 1939: Frustration and aggression. New Haven: Yale University Press.

Dreikurs-Ferguson, Eva 1984: Individualpsychologische Theorie. Eine Einführung. Zürich: Rudolf Dreikurs Institut.

Dreikurs, Rudolf [1969] 1981: Grundbegriffe der Individualpsychologie. 4. Auflage. Stuttgart: Klett-Cotta.

Duden 2019: Heil, das. Quelle: Wörterbuch online; https://www.duden.de/rechtschreibung/Heil (26.06.2019)

Dudenredaktion (Hrsg.) 2013: Duden, Bd. 7: Das Herkunftswörterbuch: Etymologie der deutschen Sprache. Die Geschichte der deutschen Wörter bis zur Gegenwart. 5., überarb. und aktual. Auflage. Berlin: Bibliographisches Institut.

Duhigg, Charles 2012: Die Macht der Gewohnheit. Warum wir tun, was wir tun. Berlin: Berlin Verlag.

Felce, David & Perry, Jonathan 1995: Quality of Life: Its Definition and Measurement. Research in Developmental Disabilities, 16, 51–74.

Foer, Jonathan Safran 2019: Wir sind das Klima: Wie wir unseren Planeten schon beim Frühstück retten können. 3. Auflage. Köln: Kiepenheuer & Witsch.

Foerster, H. v. 1981: Das Konstruieren einer Wirklichkeit. In: P. Watzlawick (Hrsg.): Die erfundene Wirklichkeit. Wie wissen wir, was wir zu wissen glauben? Beiträge zum Konstruktivismus. München: Piper, S. 39–60.

Frank, Renate 2011: Therapieziel Wohlbefinden. Ressourcen aktivieren in der Psychotherapie. 2., aktual. Auflage. Heidelberg/Berlin: Springer.

Gneist, Elke 2003: Erfahrungsbericht über die Weiterbildungsmaßnahme »Personzentriertes Arbeiten mit Elementen der Prä-Therapie bei Menschen mit geistiger Behinderung und/oder Altersdemenz«. Hochstetten: unveröffentlicht.

Groddek, Norbert 2002: Carl Rogers – Wegbereiter der modernen Psychotherapie. Darmstadt: Primus Verlag.

Hartel, Diane 2003: Erfahrungsbericht über die Weiterbildungsmaßnahme »Personzentriertes Arbeiten mit Elementen der Prä-Therapie bei Menschen mit geistiger Behinderung und/oder Altersdemenz«. Leichlingen: unveröffentlicht.

Hengstenberg, H. E. 1966: Zur Anthropologie des körperlich und geistig behinderten Kindes und Jugendlichen. In: Hilfe für das behinderte Kind. Kongressbericht, hrsg. vom Bundesausschuss für gesundheitliche Volksbelehrung. Stuttgart, S. 139–149.

Hommes, Elisabeth 2003: Erfahrungsbericht über die Weiterbildungsmaßnahme »Personzentriertes Arbeiten mit Elementen der Prä-Therapie bei Menschen mit geistiger Behinderung und/oder Altersdemenz«. Traben-Trarbach: unveröffentlicht.

Juul, Jesper 2016: Leitwölfe sein. Liebevolle Führung in der Familie. Weinheim: Beltz.

Kant, Immanuel [1787] 1995: Kritik der reinen Vernunft. In: Ders.: Werke in sechs Bänden. Band 2. Köln: Könemann.

Kitwood, Tom 2000: Demenz. Der person-zentrierte Ansatz im Umgang mit verwirrten Menschen. Bern, Göttingen, Toronto, Seattle: Huber.

Kobi, Emil E. 1985: Personorientierte Modelle der Heilpädagogik. In: U. Bleidick (Hrsg.): Handbuch der Sonderpädagogik. Band 1. Berlin: Carl Marhold, S. 273–294.

Kobi, Emil E. 1993: Grundfragen der Heilpädagogik. Eine Einführung in heilpädagogisches Denken. 5., bearb. u. erg. Auflage. Bern, Stuttgart, Wien: Haupt.

Kollbrunner, Jürg 1995: Das Buch der humanistischen Psychologie. Eine ausführliche einführende Darstellung und Kritik des Fühlens, Denkens und Handelns in der humanistischen Psychologie. 3. Auflage. Eschborn bei Frankfurt a. M.: Klotz.

Kriz, Jürgen 2000: Humanistische Psychologie. In: G. Wenninger (Redaktion): Das Lexikon der Psychologie auf CD-ROM. Heidelberg, Berlin: Spektrum Akademischer Verlag.

Kriz, Jürgen 2007: Grundkonzepte der Psychotherapie. 6., überarb. Auflage. Weinheim: Beltz PVU.

Lexikon der Psychologie 2019: Selbst. Quelle: https://www.spektrum.de/lexikon/psychologie/selbst/13845 (27.07.2019).

Lütkenhaus, Jürgen 2001: Erfahrungsbericht zur Weiterbildungsmaßnahme »Personzentriertes Arbeiten nach C. R. Rogers mit Elementen der Prä-Therapie bei Menschen mit geistiger Behinderung und/oder Altersdemenz«. Herten: unveröffentlicht.

Maslow, Abraham 1977: Motivation und Persönlichkeit. Olten: Walter-Verlag.

Moor, Paul 1999: Heilpädagogik. Ein pädagogisches Lehrbuch. Studienausgabe, 2. Auflage. Hrsg. v. Thomas Hagmann. Bd. 7 der Schriftenreihe des Heilpädagogischen Seminars Zürich. Luzern: Ed. SZH.

Morton, Ian 2002: Personzentrierte Ansätze in der Betreuung von Menschen mit Demenz. Stuttgart: Klett-Cotta.

Nolting, Hans-Peter 1978: Lernfall Aggression. Reinbek: Rowohlt.

Ondracek, Petr 2002: Aufgabenbezogen oder personzentriert? Die Grenzfrage heilpädagogischen Handelns. In: Fachbereichstag Heilpädagogik (Hrsg.) 2002: Jahrbuch Heilpädagogik. Heilpädagogik an den Grenzen. Freiburg i. Br.: Lambertus, S. 56–82.

Ondracek, Petr 2007a: Humanistische Psychologie. In: H. Greving (Hrsg.): Kompendium der Heilpädagogik, Band 1 A–H. Troisdorf: Bildungsverlag EINS, S. 401–411.

Ondracek, Petr 2007b: Personzentriertheit. In: H. Greving (Hrsg.): Kompendium der Heilpädagogik, Band 2 I–Z. Troisdorf: Bildungsverlag EINS, S. 155–164.

Ondracek, Petr 2012: Unterlagen zur Lehrveranstaltung »Psychologie als Orientierungshilfe für Heilpädagogen«. EFH RWL Bochum: unveröffentlicht.

Ondracek, Petr 2015: Personzentriertheit im heilpädagogischen Berufsalltag. In: Frühförderung interdisziplinär 2/2015, S. 84–101.

Ondracek, Petr 2018a: Individualpsychologie im Überblick. In: M. Kessler, W. Schäfer & M. Utsch (Hrsg.): Menschen begleiten: individuell – ganzheitlich – geistlich. Geschichte, Methoden und Beispiele der Therapeutischen Seelsorge. Berlin: LIT Verlag Dr. W. Hopf, S. 7–22.

Ondracek, Petr 2018b: Psychologische Kontexte der heilerziehungspflegerischen Sicht- und Handlungsweise. In: H. Greving (Hrsg.) & P. Ondracek: Pädagogik und Psychologie. Heilerziehungspflege und Heilpädagogik. Köln: Bildungsverlag EINS, S. 67–230.

Papst Johannes XXIII 2006: Für das Glück geschaffen – Die Zehn Regeln der Gelassenheit. Leipzig: St. Benno.

Pongratz, Ludwig J. 1995: Neurose. In: R. Brunner & M. Titze (Hrsg.): Wörterbuch der Individualpsychologie. Begründet von Rudolf Kausen. 2., neubearb. Auflage. München, Basel: Ernst Reinhardt, S. 350–356.

Portera, Agostino 1999: Beitrag zur Ätiologie von psychischen Verhaltensauffälligkeiten und Störungen aus personzentrierter Sicht. In: GWG-Zeitschrift 01/99, S. 37–44.

Rogers, Carl R. [1959] 1987: Eine Theorie der Psychotherapie, der Persönlichkeit und der zwischenmenschlichen Beziehungen. Köln: GwG.

Rogers, Carl R. 1985: Die Eigenschaften einer hilfreichen Beziehung. In: C. R. Rogers: Entwicklung der Persönlichkeit. Psychotherapie aus der Sicht eines Therapeuten (Konzepte der Humanwissenschaften). Stuttgart: Klett-Cotta, S. 53–72.

Rogers, Carl 2019: Zitat zu Zuhören. Quelle: https://beruhmte-zitate.de/zitate/1975387-carl-r-rogers-wenn-dir-jemand-wirklich-zuhort-wenn-dir-jemand-w/ (30.10.2019).

Sachse, Rainer 2001: »Klassische« klientenzentrierte Psychotherapie. Quelle: http://psychotherapie-ausbildung-sachse.de/downloads/1_klassische-klientenzentrierte-psychotherapie.pdf (17.10.2019).

Sander, Klaus 1999: Personzentrierte Beratung. Ein Arbeitsbuch für Ausbildung und Praxis. Köln: GwG Verlag.

Schlee, Jörg & Mutzeck, Wolfgang 1996: Supervision für Lehrerinnen und Lehrer. In: J. Schlee & W. Mutzeck (Hrsg.): Kollegiale Supervision. Modelle zur Selbsthilfe für Lehrerinnen und Lehrer. Heidelberg: Universitätsverlag Winter, S. 9–22.

Schmidt, Rainer (Hrsg.) 1982: Die Individualpsychologie Alfred Adlers. Ein Lehrbuch. Stuttgart: Verlag W. Kohlhammer. Eine Sonderauflage für die Deutsche Gesellschaft für Individualpsychologie.

Seidenfuß, Josef 1995: Gemeinschaftsgefühl. In: R. Brunner & M. Titze (Hrsg.): Wörterbuch der Individualpsychologie. Begründet von Rudolf Kausen. 2., neubearb. Auflage. München, Basel: Ernst Reinhardt, S. 185–191.

Stangl, Werner 2019a: Humanistische Psychologie: Abraham Maslow. Quelle: https://arbeitsblaetter.stangl-taller.at/PSYCHOTHERAPIE/Humanistische-Psychologie-Maslow.shtml (02.08.2019).

Stangl, Werner 2019b: Stichwort: ›Selbstwirksamkeit‹. Online Lexikon für Psychologie und Pädagogik. Quelle: https://lexikon.stangl.eu/1535/selbstwirksamkeit-selbstwirksamkeitserwartung/ (01.08.2019).

Tietze, Kim-Oliver 2003: Kollegiale Beratung. Problemlösungen gemeinsam entwickeln. 4. Auflage. Hamburg: rororo.

Universität St. Gallen 2005 (ohne Angabe zum Autor): Die Perspektive der Humanistischen Psychologie. Skript eines Vortrags an der Universität St. Gallen im Wintersemester

1998/99 im Rahmen der Vortragsreihe »Psychotherapie: Die Vielfalt der therapeutischen Konzepte«, Quelle: http://gfk.freepage.de/Texte/hum.html (09.06.2020).

Utsch, Michael 2007: Individualpsychologie der Religion und Spiritualität – Immanente und transzendente Deutungen des Gemeinschaftsgefühls. In: U. Lehmkuhl, H. Sasse & P. Wahl (Hrsg.): Wozu leben wir? Sinnfragen und Werte heute. Göttingen: Vandenhoeck & Ruprecht, S. 165–188. Quelle: http://www.ezw-berlin.de/downloads/utsch_individualpsychologie_der_religion_und_spiritualitaet.pdf (29.12.2017).

VHS Niedersachsens e. V. (Hrsg.) 1992: VHS-Kurspraxis, Sucht und Suchtkrankenhilfe. Hannover.

Weisbach, Christian-Rainer 2003: Professionelle Gesprächsführung. Ein praxisnahes Lese- und Übungsbuch. 6., überarb. u. erw. Auflage. München: dtv.

Wenninger, Gerd (Hrsg.) 2002: Lexikon der Psychologie auf CD. Heidelberg: Spektrum Akademischer Verlag.